ROLLER GIRL

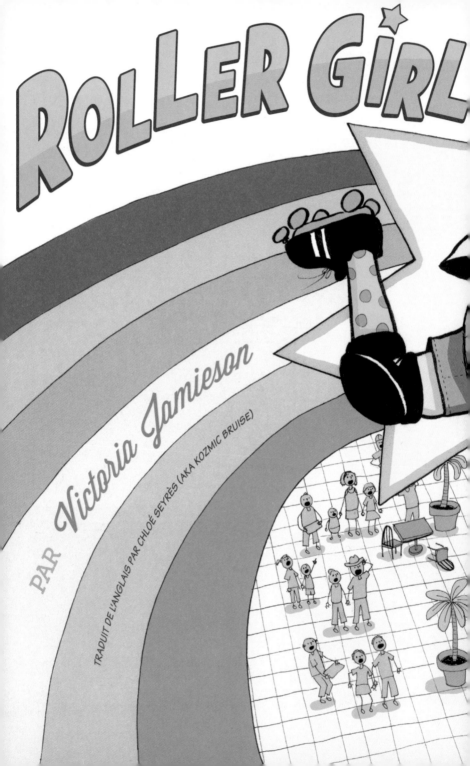

WWW.404-EDITIONS.FR
404 ÉDITIONS, UN DÉPARTEMENT D'ÉDI8
12, AVENUE D'ITALIE, 75013 PARIS

© 2015 VICTORIA JAMIESON

PUBLIÉ POUR LA PREMIÈRE FOIS PAR PENGUIN GROUP (USA) LLC,
UNE SOCIÉTÉ DE PENGUIN RANDOM HOUSE.

GRAPHISME DE VICTORIA JAMIESON ET JASON HENRY

© 2016 404 ÉDITIONS, POUR L'ÉDITION FRANÇAISE

MAQUETTE : IVANA VUKOJICIC

LOI N°49-956 DU 16 JUILLET 1949 SUR LES PUBLICATIONS DESTINÉES
À LA JEUNESSE, MODIFIÉE PAR LA LOI N°2011-525 DU 17 MAI 2011.

ISBN : 979-1-0324-0051-7
DÉPÔT LÉGAL : SEPTEMBRE 2016
IMPRIMÉ EN EUROPE

À NOTRE JOSIE OZZBOURNE, L'INCROYABLE #109 DE L'ÉQUIPE DE LA BOUCHERIE DE
PARIS, QUI A EU ENVIE D'ALLER DANSER AU BATACLAN, UN VENDREDI 13 NOVEMBRE.

MERCI AUX JOUEUSES À TRAVERS LE MONDE QUI M'ONT AUTORISÉE À UTILISER LEURS *DERBY NAMES* POUR CERTAINS DE MES PERSONNAGES. CE LIVRE LEUR EST DÉDICACÉ, AINSI QU'À TOUS LES PATINEURS, LES OFFICIELS, LES BÉNÉVOLES ET LES FANS QUI FONT VIVRE LE ROLLER DERBY. JE SUIS EXTRÊMEMENT FIÈRE D'APPARTENIR À CETTE COMMUNAUTÉ.

SOUPIR

CHAPITRE ★ 1

Comment tout a commencé

SI VOUS VOULEZ VRAIMENT LE SAVOIR, TOUT A COMMENCÉ EN CM2, À L'ÉPOQUE OÙ CHARLOTTE ET MOI ÉTIONS ENCORE MEILLEURES AMIES.

EN VOITURE, LES FILLES.

ALLEZ MAMAN, TU VEUX PAS NOUS DIRE OÙ ON VA ?

NON, C'EST UNE SURPRISE.

ET MAMAN A PRONONCÉ CES MOTS QUI NE MANQUAIENT JAMAIS DE SEMER LA PEUR ET LA CRAINTE DANS MON CŒUR...

...CE SOIR, ON VA FAIRE UNE ACTIVITÉ D'ÉVEIL CULTUREL !

Vous allez adorer ça, les filles ! Un modèle féminin fort et positif ! Vous avez de la chance. Quand j'avais votre âge...

ÇA NE PRÉSAGEAIT RIEN DE BON POUR NOTRE VENDREDI SOIR. ON AVAIT DÉJÀ EU DROIT QUELQUES FOIS AUX **AEC** DE MAMAN.

EN REVANCHE, LE PROGRAMME DU SOIR COMMENÇAIT PEUT-ÊTRE À SE DESSINER.

EH, ON VA AU PARC D'ATTRACTIONS ?

PAS TOUT À FAIT...

OAKS PARC D'ATTRACTIONS

ON A FAIT LA QUEUE AVEC DES GENS AUX LOOKS BIZARRES.

MAMAN, TU NOUS VENDS À UN CIRQUE ?

MME V., JE SUIS TROP JEUNE POUR DEVENIR FORAINE !

UN PEU DE PATIENCE...

JE VEUX ÊTRE LA DAME TATOUÉE.

VOS TICKETS, SVP.

PAS QUESTION, C'EST **MOI** ! TOI, TU PEUX ÊTRE LA FEMME À BARBE.

ON EST ENTRÉES DANS CET IMMENSE BÂTIMENT QUI RESSEMBLAIT À UN HANGAR À AVION.

M'MAN, JE PEUX AVOIR UN TATOUAGE ?

JE VEUX AVOIR LES CHEVEUX ROSES !

ET UN PIERCING AU NEZ ?

ET MOI À LA LÈVRE ?

LORSQU'ON S'EST ASSISES DANS LES GRADINS...

MAIS C'EST QUOI, CET ENDROIT ?

...LES LUMIÈRES SE SONT ÉTEINTES.

LE SPEAKER A PRÉSENTÉ LES JOUEUSES, ET ELLES AVAIENT TOUTES DES NOMS DE FOU...

SCALD EAGLE

THE BLAST UNICORN

YOGA NABI SARI

SCRAPPY GO LUCKY

ROARSHOCK TESS

ELLES AVAIENT TOUTES L'AIR SUPER BALÈZES, UN PEU COMME LES DÉTENUES DU DOCUMENTAIRE SUR LES PRISONS POUR FEMMES QUE MAMAN M'AVAIT FAIT REGARDER QUELQUES SOIRÉES ÉDUCATIVES PLUS TÔT.

COIFFURE BIZARRE

TATOUAGES

MAQUILLAGE FLIPPANT

TENUE ÉTRANGE

IL Y AVAIT CETTE JAMMEUSE, RAINBOW FIGHT. ELLE ÉTAIT FACILE À REPÉRER AVEC SES CHAUSSETTES ARC-EN-CIEL.

ON AURAIT DIT UNE SUPER-HÉROÏNE.

C'EST PAS LE MEILLEUR TRUC QUE T'AIES JAMAIS VU ?

EUH, ÇA FAIT... UN PEU PEUR.

ROH, CHARLOTTE... T'ES UN VRAI *BÉBÉ*, PARFOIS.

CLIGNE

UN SOURIRE, UN CLIN D'ŒIL, ET ELLE SE RELÈVE POUR REPLONGER DANS L'ACTION ! ET ÇA, MESDAMES ET MESSIEURS, C'EST CE QUE J'APPELLE...

... UNE VRAIE CHAMPIONNE !

PUIS, AU RETOUR, ON S'EST ARRÊTÉES À BURGERTOWN ! QUI ÉTAIT CETTE FEMME ? QU'AVAIT-ELLE FAIT DE MA MÈRE ?

J'AURAIS DÛ DEMANDER À RAINBOW FIGHT DE SIGNER MON POSTER. POURQUOI JE LUI AI PAS DEMANDÉ ?

T'AS VU QUAND ELLE EST TOMBÉE JUSTE DEVANT NOUS ?

MERCI.

T'AS VU COMMENT ELLE ALLAIT VITE ? ELLE ÉTAIT TROP RAPIDE !

JUSTE UNE SALADE, S'IL VOUS PLAÎT.

C'EST TOUT ?

ET LÀ, RAINBOW FIGHT M'A FAIT UN CLIN D'ŒIL. À **MOI** !

MAMAN DIT QUE JE DEVRAIS COMMENCER À FAIRE ATTENTION À CE QUE JE MANGE.

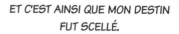

ET C'EST AINSI QUE MON DESTIN FUT SCELLÉ.

J'ALLAIS DEVENIR UNE ROLLER GIRL.

CHAPITRE 2

ROLLER DERBY

À LA PREMIÈRE HEURE LE LENDEMAIN MATIN, J'ÉTAIS PRÊTE À ENTAMER MA NOUVELLE VIE.

J'AI COMMENCÉ PAR ACCROCHER MON NOUVEAU POSTER AU PLAFOND. IL ÉTAIT TEMPS QUE JE RECOUVRE CETTE VIEILLE FRESQUE DU SYSTÈME SOLAIRE DE TOUTE FAÇON. ELLE ÉTAIT LÀ DEPUIS LE CE 1.

DORÉNAVANT, RAINBOW FIGHT SERAIT LA PREMIÈRE CHOSE QUE JE VERRAIS LE MATIN ET LA DERNIÈRE CHOSE QUE JE VERRAIS LE SOIR.

PUIS, J'AI FAIT UNE LISTE EN M'INSPIRANT DES FILMS DE SPORT QUE J'AVAIS VUS.

1) Patiner !!!!!!!!
2) Faire de la muscu
3) Manger des œufs crus

4) Regarder plus de films de sport

PEUT-ÊTRE QUE VOUS VOUS DEMANDEZ COMMENT CHARLOTTE ET MOI SOMMES DEVENUES MEILLEURES AMIES.

EN FAIT, C'ÉTAIT GRÂCE À RACHEL JE-SAIS-TOUT ET À L'ÉCUREUIL MORT.

RACHEL FAISAIT DÉJÀ SA PETITE CHEF EN CP.

QUE PERSONNE NE TOUCHE À CET ÉCUREUIL.

DÈS LE DÉPART, ELLE M'A PRISE EN GRIPPE.

T'ES PAS LA CHEF DE TOUT LE MONDE, D'ABORD.

J'AI *DIT*, PAS TOUCHE.

TU ME DIRAS PAS QUOI FAIRE.

CHARLOTTE EST RESTÉE LÀ PENDANT QUE JE ME NETTOYAIS LES MAINS UNE DERNIÈRE FOIS.

APRÈS CELA, ELLE M'A TENDU UN GROS TAS DE SERVIETTES.

QUAND UNE PERSONNE VOUS SAUVE LA VIE COMME ÇA...

... VOUS ÊTES OBLIGÉES DE DEVENIR MEILLEURES AMIES.

CHAPITRE 3

REVENONS AU PRÉSENT. ET AU PATIN. CHARLOTTE *VOULAIT* VENIR, COMME JE L'AVAIS PRÉDIT.

SKATE WORLD

JE VAIS ÊTRE LA TIGER WOODS DU PATIN À ROULETTES.

ET MOI JE SERAI LA MICHELLE KWAN. ENCORE MIEUX, PARCE QUE C'EST UNE VRAIE PATINEUSE.

N'OUBLIEZ PAS, LA MAMAN DE CHARLOTTE VIENT VOUS CHERCHER À 11H ET VOUS RAMÈNE À LA MAISON APRÈS LE COURS DE DANSE DE CHARLOTTE. APPELEZ SI BESOIN ET RESTEZ ENSEMBLE.

YEP. BYE, M'MAN.

EH, VOILÀ ADAM ET THÉO !

J'AVAIS TELLEMENT HÂTE DE METTRE DES PATINS.

MAMAN M'A DONNÉ 20$. ON POURRAIT ALLER À LA CAFÉTÉRIA APRÈS.

OUI-OUI.

PEUT-ÊTRE QUE RAINBOW FIGHT S'ENTRAÎNAIT ICI AUJOURD'HUI. PEUT-ÊTRE QUE LES ÉQUIPES DE ROLLER DERBY FAISAIENT DES EXCEPTIONS POUR LES JEUNES PATINEUSES SUPER DOUÉES.

CHARLOTTE ROULAIT À CÔTÉ DE MOI PENDANT QUE JE M'ACCROCHAIS À LA RAMBARDE.

TRÈS BIEN, TU COMMENCES À PRENDRE LE PLI !

ÇA DOIT ÊTRE ENNUYEUX POUR TOI. POURQUOI TU VAS PAS FAIRE QUELQUES TOURS ?

EUH... D'ACCORD.

JE LA REGARDAIS PATINER DE PLUS EN PLUS VITE. COMMENT SAVAIT-ELLE FAIRE ÇA ?

JE LA REGARDAIS PATINER...

... À LA RENCONTRE D'ADAM BISHOP ?!

OUF

ALLONS, NE VOUS ACCROCHEZ PAS COMME ÇA À LA RAMPE. VOUS GÊNEZ MON PETIT GARÇON.

VOUS DEVRIEZ FAIRE PLUS ATTENTION, IL Y A BEAUCOUP D'ENFANTS ICI.

SANS BLAGUE.

J'AI FINI PAR ATTEINDRE LA SORTIE.

ME DEMANDEZ PAS COMMENT.

EN FAIT, JE ME SUIS RÉFUGIÉE DANS LES TOILETTES, OÙ JE PRÉVOYAIS DE PASSER L'HEURE SUIVANTE.

L'HISTOIRE DE MA VIE.

HEY ?

JE T'AI ACHETÉ UN CADEAU À LA BOUTIQUE.

DES CHAUSSETTES ARC-EN-CIEL ! LES MÊMES QUE CELLES DE RAINBOW FIGHT !

CHARLOTTE EST RESTÉE LÀ PENDANT QUE JE ME NETTOYAIS LE VISAGE. JE ME SUIS ESSUYÉ LES YEUX AVEC MES NOUVELLES CHAUSSETTES. ELLES ÉTAIENT DOUCES ET FRAÎCHES.

CHARLOTTE EST **CE GENRE** DE MEILLEURE AMIE... ENFIN, **ÉTAIT.**

MAIS TU... TU LUI AS PAS DIT ?

JE... HUM.

C'EST UN STAGE DE ROLLER DERBY ! ON VA ROULER ET...

DU ROLLER DERBY ?! JE SERAIS ÉTONNÉE QUE TA MÈRE TE LAISSE Y ALLER.

SÉRIEUSEMENT, DU ROLLER DERBY ? TU N'ES POURTANT PAS UNE GRANDE BAGARREUSE.

EH BIEN, **EN FAIT**, CHARLOTTE ET MOI...

MAMAN ! JE... VIENS DE ME RAPPELER... JE DOIS VOIR MME KENDAL AUJOURD'HUI POUR MON COSTUME.

JE SUIS RESTÉE SILENCIEUSE TOUT LE RESTE DU TRAJET, JUSQU'À LA SALLE DE DANSE DE CHARLOTTE.

CHAPITRE · 4

IL NE S'EST PAS PASSÉ GRAND CHOSE PENDANT LES PREMIERS JOURS DES VACANCES. MAMAN M'A INSCRITE AU STAGE DE DERBY.

TU VEUX INVITER CHARLOTTE À LA MAISON POUR VOUS INSCRIRE ENSEMBLE ?

HUM, NON, C'EST BON. ELLE VA S'INSCRIRE DE SON CÔTÉ.

FAIS-MOI PENSER À APPELER SA MÈRE POUR ORGANISER LES ALLERS-RETOURS EN VOITURE.

Rose City Rollers

Stage Junior de Roller Derby

JE CLIQUE SUR « OUI »... TU ES BIEN SÛRE ?

...nditions définies dans le présent accord et ne tiendrai pas Rose City Rollers responsable de toute blessure éventuelle.

Oui, j'accepte.

EST-CE QUE J'ÉTAIS SÛRE ? J'ÉTAIS ARCHI NULLE EN PATIN. CHARLOTTE AVAIT UN COMPORTEMENT SUPER BIZARRE. MAIS...

JE SUIS SÛRE.

JE CROIS.

MÊME S'IL N'Y AVAIT PAS DE RÉEL **PROBLÈME**... J'AI CONTINUÉ À ÉVITER CHARLOTTE QUELQUES JOURS SANS TROP SAVOIR POURQUOI. J'AI **VITE** COMMENCÉ À M'ENNUYER.

ENCORE DEVANT LA TÉLÉ ? ELLE ÉTAIT DÉJÀ ALLUMÉE QUAND JE SUIS PARTIE CE MATIN !

PROFITES-EN... J'AI REÇU TA LISTE DE MATÉRIEL POUR LE STAGE DE DERBY AUJOURD'HUI !

ET JE T'AI ACHETÉ UN CADEAU. PARCE QUE JE SUIS UNE MAMAN FORMIDABLE.

ET DE TA COULEUR PRÉFÉRÉE !

OH... WOUAH. MERCI, M'MAN !

ON LOUERA LE RESTE DE L'ÉQUIPEMENT. IL TE FAUT JUSTE UN PROTÈGE-DENTS ET UNE GOURDE.

MA PETITE ROLLER GIRL. ÇA TE PLAÎT ?

OH QUE OUI. J'ADORAIS. JE NE M'ÉTAIS PAS SENTIE AUSSI BIEN DE TOUTE LA SEMAINE, QUAND...

POURQUOI TU NE LE METS PAS POUR ALLER CHEZ CHARLOTTE EN VÉLO ?

OH... JE VOUDRAIS PAS L'ABÎMER, TU COMPRENDS...

NE SOIS PAS BÊTE... C'EST UN **CASQUE**. TU ES RESTÉE ENFERMÉE TOUTE LA JOURNÉE, VA PRENDRE L'AIR.

LES PARENTS DISENT TOUJOURS D'ALLER « PRENDRE L'AIR », COMME SI C'ÉTAIT UNE AUBAINE DE SE FAIRE JETER DEHORS.

JE NE L'AI PAS VRAIMENT FAIT EXPRÈS...

MAIS IL SE TROUVE...

QUE JE SUIS PASSÉE DEVANT CHEZ CHARLOTTE...

QUATRE FOIS.

JUSQU'À CE QU'ELLE SORTE.

HEY.

HEY.

JE N'IRAI PAS AU STAGE DE DERBY.

T'AS DÉJÀ JOUÉ À LA BALLE AU PRISONNIER ? T'ES DANS TON CAMP, ET UN ADVERSAIRE S'AVANCE ET LANCE LA BALLE PILE DANS TA DIRECTION. TU CRIES « J'AI ! J'AI ! » ET TU COURS POUR L'ATTRAPER ET...

TU LA REÇOIS EN PLEIN VENTRE.

OUAIS, C'EST CE QUE J'AI RESSENTI.

TU M'AS JAMAIS **DEMANDÉ** SI JE VOULAIS Y ALLER, T'AS JUSTE **DÉCIDÉ** POUR MOI. ET J'AI TRÈS ENVIE DE FAIRE LE STAGE DE DANSE POUR COMMENCER LES POINTES ET...

C'EST À CAUSE DE TA MÈRE ? PARCE QUE MA MÈRE POURRAIT L'APPELER ET...

JE SUIS ALLÉE CHERCHER MON MATÉRIEL.

WOUAH, ÇA PUE !

Coudières

Genouillères

Protège-poignets

J'AI TROUVÉ DES PATINS QUI M'ALLAIENT À PEU PRÈS... SI J'ENFILAIS UNE DEUXIÈME PAIRE DE CHAUSSETTES.

JE ME SUIS ASSISE À CÔTÉ DE LA SEULE FILLE QUI ÉTAIT TOUTE SEULE.

SALUT, MOI C'EST ZOÉ !

ET MOI, ASTRID.

BON, JE PENSE QUE ÇA SUFFIT POUR L'ÉCHAUFFEMENT.

L'ÉCHAUFFEMENT ?!?

PROCHAIN EXERCICE ! FAITES UNE LIGNE DERRIÈRE NAPOLÉON.

J'AI JAMAIS ÉTÉ AUSSI FATIGUÉE DE MA VIE ! COMMENT JE VAIS SURVIVRE ENCORE DEUX HEURES À CE TRAIN-LÀ ?!

SAUF TOI, ASTRID. VIENS AVEC MOI.

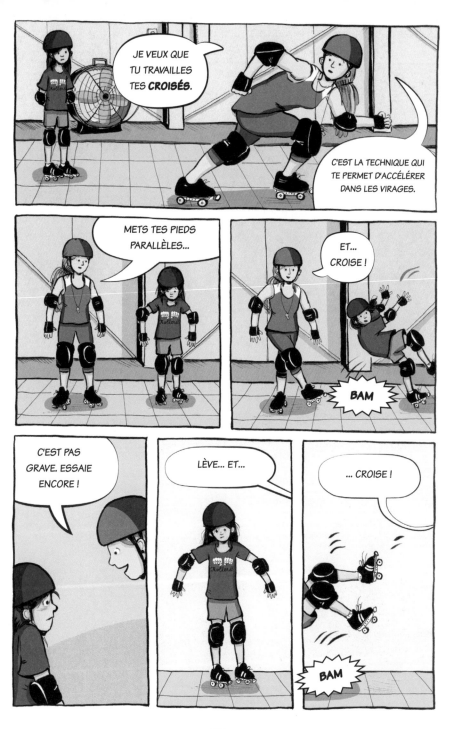

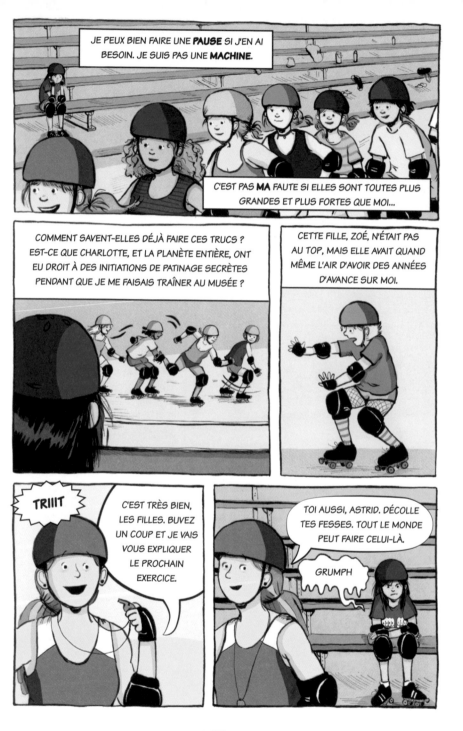

JE PEUX BIEN FAIRE UNE **PAUSE** SI J'EN AI BESOIN. JE SUIS PAS UNE **MACHINE**.

C'EST PAS **MA** FAUTE SI ELLES SONT TOUTES PLUS GRANDES ET PLUS FORTES QUE MOI...

COMMENT SAVENT-ELLES DÉJÀ FAIRE CES TRUCS ? EST-CE QUE CHARLOTTE, ET LA PLANÈTE ENTIÈRE, ONT EU DROIT À DES INITIATIONS DE PATINAGE SECRÈTES PENDANT QUE JE ME FAISAIS TRAÎNER AU MUSÉE ?

CETTE FILLE, ZOÉ, N'ÉTAIT PAS AU TOP, MAIS ELLE AVAIT QUAND MÊME L'AIR D'AVOIR DES ANNÉES D'AVANCE SUR MOI.

TRIIIT

C'EST TRÈS BIEN, LES FILLES. BUVEZ UN COUP ET JE VAIS VOUS EXPLIQUER LE PROCHAIN EXERCICE.

TOI AUSSI, ASTRID. DÉCOLLE TES FESSES. TOUT LE MONDE PEUT FAIRE CELUI-LÀ.

GRUMPH

TRÈS BIEN, ON VA TRAVAILLER L'ENDURANCE ET LA PUISSANCE, MAINTENANT. CET EXO EST CENSÉ ÊTRE DUR.

QUELLE SURPRISE.

ÇA S'APPELLE LE **CADDIE**. METTEZ-VOUS PAR DEUX. CELLE QUI EST DERRIÈRE PLACE SES MAINS EN BAS DU DOS DE CELLE DE DEVANT ET LA POUSSE AUTOUR DU TRACK, COMME ÇA. COMPRIS ? UNE MINUTE ET ON CHANGE.

VOUS ÊTES TOUTES PAR DEUX ?

DÉSOLÉE, TU TE RETROUVES COINCÉE AVEC MOI. JE VAIS PAS TROP ASSURER.

PERSONNE GÈRE À CET EXO. C'EST DE LA TORTURE.

RIEN DE CASSÉ,
ASTRID ?

PARDON,
JE PENSAIS PAS
ALLER SI VITE !

TRIIIT

TOUT LE MONDE SE TAISAIT ET
ME REGARDAIT. J'AVAIS LES JAMBES
QUI TREMBLAIENT, LES DOIGTS EN SANG
ET POUR FINIR, J'ÉTAIS UNE CATASTROPHE
AMBULANTE EN ROLLER DERBY.
IL NE RESTAIT QU'UNE CHOSE À DIRE...

HEIDI M'A ENLEVÉ LES PATINS ET LE CASQUE, ET ZOÉ EST ALLÉE
ME CHERCHER DE LA GLACE. JE SUIS RESTÉE DANS LES GRADINS
COMME UNE IDIOTE JUSQU'À LA FIN DE L'ENTRAÎNEMENT.

SI CHARLOTTE AVAIT ÉTÉ LÀ, ELLE
SE SERAIT ASSISE À CÔTÉ DE MOI
ET M'AURAIT RÉCONFORTÉE EN
ESSAYANT DE ME FAIRE RIRE.

ENFIN, L'ENTRAÎNEMENT ÉTAIT FINI.

BEAU TRAVAIL, LES FILLES ! MÊME HEURE, MÊME LIEU DEMAIN !

ASTRID, ATTENDS.

JE SAIS QUE CE PREMIER JOUR A ÉTÉ ÉPROUVANT POUR TOI. RAPPELLE-TOI QUE BEAUCOUP DE CES FILLES ROULENT DÉJÀ DEPUIS 5, 6 MOIS AVEC LES ROSEBUDS. ÇA VA ALLER MIEUX, PROMIS.

ASTRID, TU TE SENS MIEUX ? ENCORE DÉSOLÉE...

JE SUIS PASSÉE DEVANT ZOÉ EN MARMONNANT UN TRUC COMME « SDJFMOLSDM ». PAS POLI, JE SAIS, MAIS QUAND TU SENS LES LARMES MONTER, TU PEUX PAS LES ARRÊTER.

JE VOULAIS JUSTE RENTRER CHEZ MOI, M'EFFONDRER SUR MON LIT ET NE PLUS JAMAIS EN SORTIR.

30 MINUTES PLUS TARD, J'AI CHANGÉ DE SOUHAIT. JE VOULAIS JUSTE **RENTRER CHEZ MOI.**

JE SUIS **À PEU PRÈS** SÛRE QUE C'EST CETTE RUE...

SE BIDWELL
SE 11 AVE

CETTE MAISON ME DIT QUELQUE CHOSE...

C'EST MARRANT **LA VITESSE** À LAQUELLE UNE BANALE JOURNÉE ENSOLEILLÉE PEUT SE TRANSFORMER EN « CHALEUR ÉCRASANTE DU SAHARA ».

RAJOUTEZ À ÇA DES COURBATURES ET QUELQUES AMPOULES SUPPLÉMENTAIRES AUX PIEDS, ET J'AVAIS L'IMPRESSION D'ÊTRE LAWRENCE D'ARABIE*.

*SORTIE ÉDUCATIVE AUX ALENTOURS DU CM1. JE DÉCONSEILLE.

COMPLÉTEZ AVEC DES MIRAGES.

DE L'EAU ? DE L'EAU ?

AU MOINS MAINTENANT, JE SAVAIS OÙ J'ÉTAIS.

J'AVAIS OUBLIÉ CETTE VOIE RAPIDE.

JE DEVAIS GRAVIR LA COLLINE DE LA CRISE CARDIAQUE...

... ET J'ÉTAIS CHEZ MOI.

SMACK

JE ME SOUVIENS D'AVOIR TRÉBUCHÉ JUSQU'AU CANAPÉ ET PUIS...

... PLUS RIEN.

OH, MA CHÉRIE... C'ÉTAIT SI TERRIBLE ? TU N'AS PAS DU TOUT AIMÉ ?

C'EST PAS QUE J'AI **PAS AIMÉ**, C'EST...

COMMENT CHARLOTTE A TROUVÉ LA JOURNÉE ? JE DEVRAIS PEUT-ÊTRE APPELER SA MÈRE POUR SAVOIR CE QU'ELLE EN PENSE...

NON ! JE... ME DEMANDAIS... PAR **CURIOSITÉ** ! CHARLOTTE ET MOI, ON A VRAIMENT APPRÉCIÉ. VRAIMENT.

À PRÉSENT, SI TU VEUX BIEN M'EXCUSER, JE SUIS REPUE ET JE VAIS ALLER M'ALLONGER UN MOMENT. SI CELA VOUS VA, TRÈS CHÈRE MÈRE.

LA DERNIÈRE CHOSE DONT JE ME SOUVIENS AVANT DE M'ASSOUPIR, C'EST LE VISAGE MIELLEUX DE RAINBOW FIGHT QUI ME REGARDAIT DE HAUT.

ROLLER DERBY

MERCI BEAUCOUP, RAINBOW FIGHT. MERCI... BEAU... ZZZZZ

CHAPITRE·6

EN FAIT, J'ÉTAIS ENCORE PLUS NERVEUSE POUR MON DEUXIÈME JOUR DE STAGE. MAINTENANT QUE TOUT LE MONDE **SAVAIT** QUE J'ÉTAIS UN LOSER.

T'ES REVENUE ! JE LE SAVAIS ! IL Y A DES FILLES QUI DISAIENT QUE NON, MAIS JE SAVAIS QUE SI ! COMMENT TU TE SENS ?

JE... ÇA VA.

ÉCOUTE, C'EST DUR POUR TOUT LE MONDE, LE PREMIER JOUR. C'EST COMME UN RITE DE PASSAGE.

OUI, MAIS EST-CE QUE TOUT LE MONDE **PLEURE** POUR SON PREMIER JOUR ?

J'AI PLEURÉ TOUTE MA PREMIÈRE **SEMAINE**.

MOI AUSSI !

MOI AUSSI !

J'AI VOMI À MON PREMIER JOUR PENDANT LES **50** TOURS DE LA MORT. EN PLEIN MILIEU DU TRACK, EN PLUS... J'AI PAS PU SORTIR À TEMPS.

JE M'EN RAPPELLE ! C'ÉTAIT **TROP DRÔLE** !

TU SAIS, TU PEUX TOUJOURS RAMENER CES PATINS CHEZ TOI POUR PRATIQUER LE SOIR. TU POURRAIS MÊME RENTRER EN PATINS... ROULER DEHORS EST UN TRÈS BON ENTRAÎNEMENT POUR LE DERBY.

J'AI PAS L'IMPRESSION QUE CE SOIT TRÈS PRUDENT. TU M'AS VUE ROULER... JE ME FERAIS ÉCRASER PAR UN CAMION AU BOUT DE DEUX RUES.

MMMH. LAISSE-MOI Y RÉFLÉCHIR. ET ON EN REPARLE.

ELLE REGARDAIT DANS LE VAGUE, COMME MA MÈRE QUAND ELLE CONCOCTE UN NOUVEAU PLAN DIABOLIQUE POUR ME GÂCHER LA VIE. JE SENTAIS LES ENNUIS ARRIVER.

OK, CONTINUE D'Y RÉFLÉCHIR, HEIDI ! À PLUS !

JE ME SUIS ENFUIE AUSSI VITE QUE MES JAMBES COURBATURÉES ME LE PERMETTAIENT.

TU FAIS DU ROLLER DERBY ?

EUH, OUAIS.

WAOUH. MAMAN, T'AS ENTENDU ? ELLE FAIT DU **ROLLER DERBY** !

J'AVAIS DE LA CHANCE D'AVOIR TRAVERSÉ LE SAHARA TOUS LES JOURS, AU MOINS J'ÉTAIS PRÉPARÉE À LA CHALEUR. ET ENTRE LES PROTESTATIONS ET LES PAUSES POUR BOIRE, J'ARRIVAIS PRESQUE À SUIVRE.

C'EST À CE MOMENT DE L'HISTOIRE QUE JE DEVRAIS PRÉCISER UN PETIT DÉTAIL À PROPOS DE MON PATINAGE...

TRÈS BIEN, LES FILLES. C'EST NOTRE PREMIÈRE DESCENTE. L'ASTUCE, C'EST D'Y ALLER EN CHASSE-NEIGE. ON VA SE LANCER DOUCEMENT, JE VAIS PASSER LA PREMIÈRE POUR VOUS MONTR...

CE PETIT DÉTAIL ÉTANT...

ON S'EST ARRÊTÉES POUR MANGER DES GLACES DANS UN PARC LE LONG DE LA RIVIÈRE.

QUI SE SERAIT DOUTÉ QU'ASTRID ÉTAIT UNE BÊTE DE COURSE ?

ON AURAIT DIT LARA CROFT QUI DÉVALAIT LA PENTE !

OU RAINBOW FIGHT !

JE ME SUIS CONTENTÉE DE LÉCHER MA GLACE, PLUS HEUREUSE QUE JAMAIS.

J'AI GARDÉ MA BONNE HUMEUR JUSQU'À LA FIN DE L'ENTRAÎNEMENT.

JE PENSE QUE JE **VAIS EMPORTER** MES PATINS POUR LE WEEK-END.

BONNE IDÉE !

J'ÉTAIS PEUT-ÊTRE HEUREUSE D'AVOIR ENFIN PASSÉ UNE BONNE JOURNÉE DE STAGE. OU J'AVAIS PEUT-ÊTRE UNE INSOLATION. QUOI QU'IL EN SOIT, UNE IDÉE FOLLE M'EST VENUE.

Chère Rainbow Fight,

Je trouve que tu es
la meilleure rollergirl
qui ait jamais patiné sur
la planète. Tu es géniale.
J'espère rouler comme toi
un jour.

Cordialement,

Rose Bof

GLISSE

J'ÉTAIS PLUTÔT FIÈRE DE MON JEU DE MOT SPONTANÉ ROSEBUD-ROSEBOF !

TU RENTRES EN PATINS ? COOOOL ! IL FAUDRA QUE J'ESSAIE ! BON WEEKEND, LARA CROFT !

À TOI AUSSI !

EN PATINS, J'AI RÉDUIT MON TEMPS DE TRAJET À **30** MINUTES ! J'AI MÊME PAS EU BESOIN DE M'ARRÊTER POUR MA RATION DE SURVIE.

ET PUIS, J'AVAIS DÉJÀ DÉPENSÉ MES 10$.

C'ÉTAIT SYMPA D'AVOIR MES PATINS POUR LE WEEKEND ! J'AI PRATIQUÉ MES...

FREINAGES EN T,

CHASSE-NEIGE,

MÊME MES FREINAGES TAMPONS RETOURNÉS (GRÂCE AU CANAPÉ).

JE ME SUIS RABATTUE SUR UN PETIT ENSEMBLE IRLANDAIS DU MEILLEUR GOÛT*.

TUT TUT !

*JE RIGOLE.

TRÈS MIGNON ! C'EST AGRÉABLE DE TE VOIR PORTER DES COULEURS, POUR UNE FOIS.

GRRR

JE VEUX M'Y PRENDRE À L'AVANCE POUR LES ACHATS SCOLAIRES CETTE ANNÉE, VU COMBIEN C'EST COMPLIQUÉ DE FAIRE LES MAGASINS AVEC TOI. LE COLLÈGE, C'EST UNE GRANDE ÉTAPE, ET J'AI MIS UN PEU D'ARGENT DE CÔTÉ POUR TE TROUVER DE JOLIS VÊTEMENTS AVANT LA RENTRÉE.

Ô JOIE...

SUR MA LISTE DES TRUCS COOL DANS LA VIE, ACHETER DES VÊTEMENTS ÉTAIT PAS LOIN D'ÊTRE TOUT EN BAS.

- Se faire soigner une carie.

- Être coincée dans un ascenseur avec Rachel.

- Acheter des vêtements.

- Mourir attaquée par un requin.

JE NE COMPRENAIS PAS COMMENT LES GENS POUVAIENT APPRÉCIER D'ESSAYER DES MILLIONS DE TENUES DANS UNE CABINE D'ESSAYAGE SURCHAUFFÉE.

CE NE SERA PAS COMME LES AUTRES MATCHS QUE VOUS AVEZ JOUÉS. IL NE DURERA QUE **30** MINUTES ET IL N'Y AURA QUE **8** JOUEUSES PAR ÉQUIPE.

DANS UNE SEMAINE OU DEUX, ON VOUS SÉPARERA EN DEUX ÉQUIPES. ON VEUT QUE VOUS JOUIEZ TOUTES, MAIS POUR LES NOUVELLES...

ON DEVRA ÉVALUER VOS COMPÉTENCES POUR ÊTRE SÛRES QUE VOUS N'ÊTES PAS DANGEREUSES SUR LE TRACK.

OH MON DIEU, UN VRAI MATCH !

DANS CETTE OPTIQUE, AUJOURD'HUI ON VA S'ATTAQUER À UN PEU DE STRATÉGIE DE JEU. ET ÇA VEUT DIRE...

LES HITS !

OK. SUR LE TRACK. COMMENCEZ À VOUS ÉCHAUFFER.

ASTRID...

J'AI DISCUTÉ AVEC L'AUTRE COACH. POUR ÊTRE HONNÊTE, ON N'EST PAS CERTAINES QUE TU SERAS PRÊTE POUR LE MATCH. ON DÉCIDERA EN FONCTION DE TA PROGRESSION AU COURS DES SEMAINES QUI VIENNENT.

OUI-OUI !

ON NE PEUT PAS PRENDRE LE RISQUE QUE TOI, OU QUI QUE CE SOIT, SE BLESSE. TU NE SERAS PEUT-ÊTRE PAS PRÊTE POUR CETTE FOIS.

OUI-OUI !

SI TU N'ES PAS PRÊTE POUR CE MATCH, NE T'INQUIÈTE PAS. CONTINUE DE ROULER AVEC LES ROSEBUDS ET TU AURAS PLEIN D'OCCASIONS DE JOUER. D'ACCORD ? TU COMPRENDS ?

OUI-OUI !

JE VAIS JOUER MON PREMIER MATCH !

BON, UNE FOIS QUE VOUS ÊTES ÉCHAUFFÉES, METTEZ-VOUS PAR DEUX SUR LE TRACK AVEC VOTRE VOISINE.

ON VA PRATIQUER LES HITS.

COMMENÇONS À L'ARRÊT. FLÉCHISSEZ LES GENOUX POUR VOUS METTRE EN POSITION DERBY. METTEZ-VOUS PRÈS DE VOTRE PARTENAIRE ET...

BALANCEZ VOS HANCHES SUR LE CÔTÉ. C'EST LE HIP CHECK DE BASE !

PAS DE COUDES, DE CROCHE-PATTES, NI COUPS DANS LA TÊTE. CES HITS NE SONT PAS AUTORISÉS ET VOUS ENVERRONT TOUT DROIT EN PRISON.

C'EST TOI ET MOI, MOUSTIQUE.

FORCE. VAILLANCE.

COURAGE.

IL VOUS SUFFIT DE REJOUER CETTE SCÈNE EN BOUCLE DANS VOTRE TÊTE PENDANT DEUX HEURES POUR VOUS DONNER UNE IDÉE DU DÉROULEMENT DE MA MATINÉE.

TRIT
TRIT

BEAU BOULOT, LES FILLES. ÇA REND BIEN. COMME VOUS AVEZ FAIT DU BON TRAVAIL AUJOURD'HUI, ON VA FINIR AVEC UN JEU...

... LA DERNIÈRE DEBOUT.

OUI !

?

YEAH !

SI VOUS NE CONNAISSEZ PAS, C'EST SIMPLE. TOUT LE MONDE ROULE ENSEMBLE SUR LE TRACK. SI VOUS TOMBEZ OU VOUS FAITES HITTER HORS DU TRACK, VOUS ÊTES ÉLIMINÉES.

LA DERNIÈRE DEBOUT GAGNE. TOUS LES HITS DOIVENT ÊTRE LÉGAUX, SINON C'EST LA PRISON.

TRÈS BIEN. J'AVAIS PAS PASSÉ LA MEILLEURE DES MATINÉES, MAIS JE POUVAIS ME RATTRAPER SUR LES HITS MAINTENANT. SI J'ÉTAIS LA DERNIÈRE DEBOUT, LES COACHS **VERRAIENT BIEN** QUE JE POUVAIS...

VLAN

ÉLIMINÉE, ASTRID !

OU ALORS, JE POUVAIS ÊTRE LA PREMIÈRE ASSISE.

COMMENT FONT-ELLES TOUTES ? ELLES ONT L'AIR SI FORTES, SI AGRESSIVES, ALORS QUE MOI, LA PREMIÈRE ASSISE, JE RESSEMBLE À UN LUTIN.

IL FAUT QUE JE SOIS PLUS COURAGEUSE, PLUS FORTE, IL FAUT QUE JE...

JE DOIS ME TEINDRE LES CHEVEUX !

ET LÀ, LA SOLUTION ME FRAPPA COMME UN CAMION. C'ÉTAIT ÉVIDENT.

JE ME SUIS LANCÉE APRÈS L'ENTRAÎNEMENT.

ZOÉ ? JE PEUX TE DEMANDER... COMMENT... TU UTILISES QUOI...

COMMENT ON SE TEINT LES CHEVEUX ?

OOH, TU VAS TE TEINDRE LES CHEVEUX ? EN QUELLE COULEUR ?

JE SAIS PAS. J'Y PENSE, C'EST TOUT.

OHMONDIEU, JE SUIS LA **REINE** DE LA TEINTURE ! LAISSE-MOI M'EN CHARGER ! TU FAIS QUOI APRÈS ? VIENS CHEZ MOI ET ON S'EN OCCUPE AUJOURD'HUI !

QUOI, DE SUITE ?

FORCE. VAILLANCE. COURAGE.

... OK !

OUI ! TU RENTRES EN PATINS, C'EST ÇA ? MOI AUSSI, AUJOURD'HUI. J'HABITE PAS TRÈS LOIN, T'INQUIÈTE. TU PEUX APPELER TA MÈRE DEPUIS CHEZ MOI.

C'EST BIZARRE À DIRE, MAIS JE ME RAPPELAIS PAS LA DERNIÈRE FOIS QUE J'ÉTAIS ALLÉE CHEZ QUELQU'UN D'AUTRE QUE CHARLOTTE.

C'EST BIZARRE AUSSI, MAIS D'UN COUP, JE ME SUIS SENTIE NERVEUSE. JE ME PRÉOCCUPAIS JAMAIS DE QUOI DISCUTER AVEC CHARLOTTE. ZOÉ ÉTAIT SI GENTILLE, SI POPULAIRE... POURQUOI ELLE TRAÎNAIT AVEC MOI ? DE QUOI ON ALLAIT PARLER ?

HEUREUSEMENT, ZOÉ A PRIS LA DISCUSSION EN MAINS.

C'EST PAS TELLEMENT GÉNIAL, CE MATCH ? J'Y CROIS PAS ! J'ESPÈRE QUE JE JOUERAI.

ÇA FAIT **3** MOIS QUE JE ROULE AVEC LES ROSEBUDS, MAIS J'ASSURE PAS TROP ENCORE. J'AI JAMAIS FAIT DE MATCH.

LES COACHS DISENT QUE JE MANQUE D'APPLICATION, MAIS J'AI DÉJÀ THÉÂTRE ET TOUT PENDANT L'ÉCOLE. C'EST PAS COMME SI J'ALLAIS DEVENIR AUSSI BONNE QUE HEIDI NAMITE OU BOMBAPART OU...

... OU RAINBOW FIGHT ?

OH MON DIEU, ELLE EST FAN-TAS-TIQUE, PAS VRAI ? C'EST MA PRÉFÉRÉE !

ON A ROULÉ ENCORE UN PEU. JE M'ÉTAIS JAMAIS AVENTURÉE PAR LÀ AUPARAVANT.

OK, ARRÊT CAPITAL. L'ENDROIT LE PLUS MAGNIFIQUE AU MONDE, L'ENDROIT OÙ TOUS LES RÊVES D'ADOS DEVIENNENT RÉALITÉ...

BONBONS ! MAGAZINES ! TONGS ! LUNETTES DE SOLEIL STYLÉES ! C'EST LE PAYS DES MERVEILLES, ICI.

MAIS SURTOUT...

ALORS, ON ÉVITE TOUTES CELLES OÙ IL Y A ÉCRIT « NATUREL » OU « FACILE » OU « SANTÉ ».

T'ES À FOND DANS LE THÉÂTRE, TOI, HEIN ?

OUAIS. PLUS TARD, J'IRAI À L'UNIVERSITÉ DE NEW YORK POUR ÉTUDIER LE THÉÂTRE. ET J'ÉTAIS DANS LA PIÈCE DE L'ÉCOLE CETTE ANNÉE. *TOM SAWYER.* J'ÉTAIS QUE DANS LE CHŒUR, MAIS J'AVAIS UNE RÉPLIQUE. « VITE, À LA GROTTE ! »

IL N'Y AVAIT QU'UN AUTRE CINQUIÈME QUI AVAIT UN RÔLE PARLANT. M. BATT PRÉFÈRE DONNER LA PLUPART DES RÔLES AUX QUATRIÈMES ET TROISIÈMES, J'ESPÈRE QUE CETTE ANNÉE J'AURAI PLUS DE RÉPLIQUES.

VOILÀ LE PROGRAMME.

Le Collège Cedar Park présente

TOM SAWYER
La comédie musica

JE SAVAIS PAS QUE *TOM SAWYER* ÉTAIT UNE COMÉDIE MUSICALE.

LUI, C'EST TOM SAWYER. BRAD RILEY. IL EST PAS CANON ? IL A SIGNÉ MON PROGRAMME : « À LA MEILLEURE FILLE FIGURANTE N° **3** JAMAIS VUE SUR SCÈNE. PEACE. »

SOUPIR DOMMAGE QU'IL SOIT AU LYCÉE L'ANNÉE PROCHAINE. MÊME S'IL NE POURRAIT JAMAIS TE REMPLACER, HUGH.

ET TOI ? TU FAIS UN PEU DE THÉÂTRE ? C'EST QUOI, TON TRUC ?

CHIPS

ELLE PARLAIT DEPUIS SI LONGTEMPS QUE J'EN AI PRESQUE OUBLIÉ DE RÉPONDRE.

MON TRUC ?

TU SAIS, TON TRUC. POUR QUOI T'ES CONNUE À L'ÉCOLE ? ON ME SURNOMME LA COMÉDIENNE, PARCE QUE J'ADORE LE THÉÂTRE. COMMENT ON T'APPELLE ?

J'AVAIS JAMAIS EU QU'UN SEUL SURNOM À L'ÉCOLE, ET IL ÉTAIT PAS GÉNIAL.

« ASTROUDUC' ».

CHI

SÉRIEUX ? AH AH AH. DÉSOLÉE, C'EST TELLEMENT **MÉCHANT**. QUI A TROUVÉ ÇA ?

CH

FACILE À DEVINER. QUELLE CE1 DÉMONIAQUE POUVAIT BIEN CONNAÎTRE LE MOT « TROU DUC' », DE TOUTE FAÇON ?

PERSONNE NE M'APPELLE PLUS VRAIMENT COMME ÇA, PLUS DEPUIS LE CE 1. MAINTENANT, C'EST JUSTE... C'EST JUSTE... EUUUH...

EH BIEN MAINTENANT, ON T'APPELLERA « LA FILLE AUX CHEVEUX BLEUS ».

J'ESPÈRE. ÇA DONNE QUOI ?

VOILÀ L'ÉVOLUTION DE MES CHEVEUX JUSQUE LÀ (D'APRÈS CE QUE J'EN VOIS) :

ILS SONT TOUJOURS AUSSI FONCÉS. TU DOIS AVOIR DES CHEVEUX TRÈS RÉSISTANTS. BON, NE T'INQUIÈTE PAS, ON VA JUSTE AUGMENTER LA DOSE.

ELLE A RAJOUTÉ UNE AUTRE COUCHE DE DÉCOLORANT DANS MES CHEVEUX, PUIS M'A MIS UN BONNET DE BAIN SUR LA TÊTE EN DISANT QUE LA CHALEUR ACCÉLÈRERAIT LE PROCESSUS.

TOUT CE DÉCOLORANT VA PAS ME FAIRE TOMBER LES CHEVEUX, HEIN ?

ELLE N'A PAS RÉPONDU, CE QUI N'AVAIT RIEN DE RASSURANT.

OK, DU CALME, TOUT VA BIEN. RESPIRE... MAIS PAS TROP À CAUSE DES VAPEURS. C'EST QUE LA PHASE UN, D'ACCORD ?

METS LA TÊTE EN ARRIÈRE ET DÉTENDS-TOI. T'ES SOUS LE CHOC, MAIS TOUT EST NORMAL.

PARFAIT, REDRESSE-TOI...

ELLE ME PARLAIT COMME SI JE VENAIS D'AVOIR UN ACCIDENT.

MAINTENANT, ON AJOUTE LE BLEU. ÇA VA ÊTRE BEAUCOUP MIEUX.

AAAAH.

ÇA RENDAIT DE SUITE BEAUCOUP MIEUX, PARCE QUE C'ÉTAIT FONCÉ.

ON DIRAIT MES CHEVEUX NORMAUX.

PARCE QU'ILS SONT ENCORE MOUILLÉS. CROIS-MOI, TU VERRAS LA DIFFÉRENCE. **LÀ**, ON LAISSE REPOSER **30** MINUTES.

TU SAIS QUOI ? EN ATTENDANT, ON VA ME FAIRE DES MÈCHES ROSES.

CHAPITRE 9

T'ES EN VIE !

ELLE ÉTAIT TROP HEUREUSE QUE JE ME SOIS PAS FAIT TATOUER. ELLE A DIT QUE JE DEVRAI ME RETEINDRE EN NOIR POUR LA RENTRÉE. ELLE VEUT PAS QUE LES PROFS AIENT UNE « MAUVAISE IMAGE » DE MOI, QUOI QUE ÇA SIGNIFIE.

UNE « MAUVAISE IMAGE », COMME : T'ES GÉNIALE ?

JE SAIS ! JE TROUVE QUE ÇA RENVOIE EXACTEMENT LA **BONNE** IMAGE !

TRIT TRIT

ÉCOUTEZ, LES FILLES. HIER PENDANT L'EXO DES HITS, J'AI TROUVÉ QUE ÇA MANQUAIT DE CONVICTION.

QUAND ON JOUE AU DERBY, IL FAUT AVOIR L'AIR FÉROCE ! VOUS POUVEZ ÊTRE AMIES AVEC TOUT LE MONDE EN DEHORS DU TRACK, MAIS SUR LE TRACK ? CE NE SONT PAS VOS COPINES.

CET EXERCICE S'APPELLE « TÊTE DE TUEUSE ».

MA RÉPONSE EST ARRIVÉE LE LENDEMAIN.

Chère Bof,
Conseil du jour :
Quand tu hit quelqu'un,
imagine que c'est ton pire
ennemi.

C'est tout.
Fighty

EH BIEN, ÇA DEVRAIT RENDRE LES EXOS DE HITS **BIEN PLUS AMUSANTS** !

BAM!

PRENDS ÇA, RACHEL !

TRIT TRIT

ASSEYEZ-VOUS, LES FILLES. POUR PRÉPARER LE MATCH, AUJOURD'HUI, NOUS ALLONS PARLER DE STRATÉGIE.

COMME VOUS LE SAVEZ PEUT-ÊTRE, CECI...

... EST UN BONNET.

PAS MAL. OK, QUI VEUT ÊTRE PIVOT DANS CE SCÉNARIO ? FIFI, ADJUGÉ.

IL ME MANQUE **3** AUTRES BLOQUEUSES SUR LE TRACK.

ET LA JAMMEUSE, QU'EST-CE QU'ELLE FAIT ?

C'EST CELLE QUI MARQUE LES POINTS !

OUI. C'EST LA **SEULE** QUI PEUT MARQUER DES POINTS, EN PASSANT LES BLOQUEUSES.

QUI VEUT ÊTRE JAMMEUSE ?

TOXIC, VIENS LÀ.

PFFFFFFFF.

ALORS, DANS CE SCÉNARIO, NOUS AVONS UNE PAUVRE JAMMEUSE SANS COÉQUIPIÈRES. ELLE EST TOUTE SEULE. LES BLOQUEUSES FORMENT UN MUR...

ET LA JAMMEUSE SE PLACE DERRIÈRE ELLES, SUR LA LIGNE DE JAM.

LES BLOQUEUSES TENTENT **D'ARRÊTER** LA JAMMEUSE.

LA JAMMEUSE VEUT DÉPASSER LES BLOQUEUSES. C'EST SIMPLE, NON ?

AU COUP DE SIFFLET,

TRIT

C'EST PARTI.

HEIDI A DÉCRIT TOUTES SORTES DE STRATÉGIES, EN UTILISANT LES MOTS « ATTAQUE », « DÉFENSE », « MURS »...

...MAIS J'ÉCOUTAIS QUE D'UNE OREILLE.

LA JAMMEUSE ÉTAIT LA JOUEUSE LA PLUS IMPORTANTE.

ELLE DEVAIT ÊTRE RAPIDE.

ET RUSÉE.

C'ÉTAIT LA STAR. COMME RAINBOW FIGHT.

C'EST **ÇA** QUE JE VEUX FAIRE !

MALHEUREUSEMENT...

GLOUPS

JAMMER S'EST AVÉRÉ ÊTRE **UN POIL** PLUS DUR QUE ÇA EN AVAIT L'AIR.

BAM !

HEIDI N'A PAS QUITTÉ SON CAHIER DE TOUTE LA SEMAINE ET ÇA M'A RENDUE NERVEUSE. EST-CE QU'ELLE PRENAIT DES NOTES SUR MOI ? EST-CE QU'ELLE DÉCIDAIT DE SI J'ALLAIS JOUER LE MATCH ?

J'AI SORTI LES TECHNIQUES QUE J'UTILISAIS POUR FAIRE PLIER MA MÈRE QUAND JE VOULAIS QUELQUE CHOSE.

TES DREADS SONT MAGNIFIQUES, AUJOURD'HUI, HEIDI !

OOOH, NOUVEAU TATOUAGE, HEIDI ?

JE SENS QUE JE M'ÉPANOUIS GRÂCE À TON ENSEIGNEMENT, HEIDI !

AUCUNE IDÉE DE SI ÇA FONCTIONNAIT SUR ELLE.

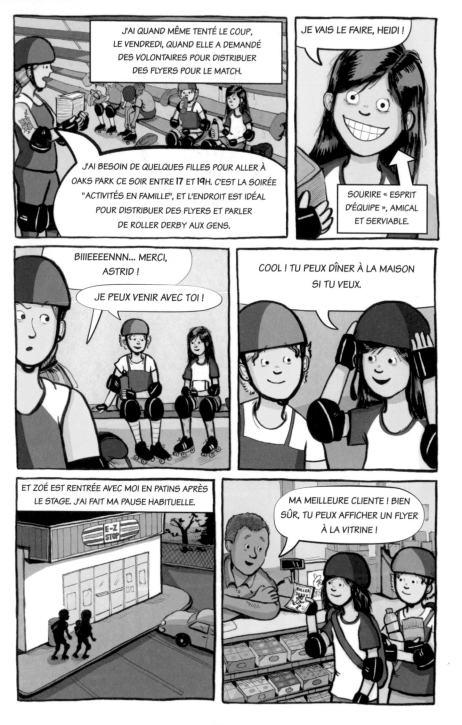

J'AI QUAND MÊME TENTÉ LE COUP, LE VENDREDI, QUAND ELLE A DEMANDÉ DES VOLONTAIRES POUR DISTRIBUER DES FLYERS POUR LE MATCH.

JE VAIS LE FAIRE, HEIDI !

J'AI BESOIN DE QUELQUES FILLES POUR ALLER À OAKS PARK CE SOIR ENTRE 17 ET 19H. C'EST LA SOIRÉE "ACTIVITÉS EN FAMILLE", ET L'ENDROIT EST IDÉAL POUR DISTRIBUER DES FLYERS ET PARLER DE ROLLER DERBY AUX GENS.

SOURIRE « ESPRIT D'ÉQUIPE », AMICAL ET SERVIABLE.

BIIIEEEENNN... MERCI, ASTRID !

JE PEUX VENIR AVEC TOI !

COOL ! TU PEUX DÎNER À LA MAISON SI TU VEUX.

ET ZOÉ EST RENTRÉE AVEC MOI EN PATINS APRÈS LE STAGE. J'AI FAIT MA PAUSE HABITUELLE.

E-Z STOP

MA MEILLEURE CLIENTE ! BIEN SÛR, TU PEUX AFFICHER UN FLYER À LA VITRINE !

UN POSTER A RETENU MON ATTENTION ALORS QUE J'ACCROCHAIS MON FLYER...

TIENS, TIENS... LE STAGE DE DANSE DE CHARLOTTE FAISAIT UN SPECTACLE LE WEEKEND APRÈS NOTRE MATCH.

Académie de danse de Northwest

Récital d'été

30 juillet. 19h

TECHNIQUEMENT, J'AI PAS LE DROIT D'INVITER DES AMIS QUAND MA MÈRE N'EST PAS À LA MAISON... ALORS ON A DÛ RUSER UN PEU.

M'MAN, ME VOILÀ !

ZOÉ PEUT RESTER POUR DÎNER ?

APPELLE-MOI SI LES PARENTS DE ZOÉ NE PEUVENT PAS PASSER VOUS CHERCHER AU FINAL, ET NE PARLE PAS AUX INCONNUS.

M'MAN, IL FAIT ENCORE JOUR !

MERCI POUR LE REPAS MME V.

HEUREUSE D'AVOIR FAIT TA CONNAISSANCE, ZOÉ... MÊME SI TU ES À L'ORIGINE DES CHEVEUX BLEUS D'ASTRID.

TUUT TUUT

COOL !

D'ABORD, ON DEVAIT FAIRE LE PLEIN D'ÉNERGIE POUR TRAVAILLER EFFICACEMENT.

SODA 3 $

ZOÉ ÉTAIT DÉCHAÎNÉE. ELLE CRIAIT N'IMPORTE QUOI AUX GENS QUI PASSAIENT.

JOLI T-SHIRT !

CHOUETTE COIFFURE !

VOUS AIMEZ VOUS AMUSER ? SI OUI, VOUS ALLEZ **ADORER** LE ROLLER DERBY.

JE NE L'AVAIS PAS VUE DEPUIS DES SEMAINES, DEPUIS CE JOUR-LÀ DEVANT CHEZ ELLE. ET ELLE ÉTAIT LÀ... AVEC RACHEL, ADAM ET THÉO.

TES CHEVEUX ! TU AS... TU AS TELLEMENT CHANGÉ.

JE ME SUIS SENTIE BIZARRE. JE NE M'ATTENDAIS PAS À TOMBER SUR ELLE, ET D'UN CÔTÉ J'AVAIS MAL AU CŒUR... MAIS DE L'AUTRE, J'ÉTAIS TOUJOURS DANS LA LANCÉE DU FOU RIRE.

MA GRAND-MÈRE A LES CHEVEUX BLEUS.

LA REMARQUE AURAIT DÛ M'ÉNERVER, MAIS ALLEZ SAVOIR...

... TA GRAND-MÈRE EST À L'ASILE ?

ROH

ON LES A SUIVIS UN PETIT MOMENT — RIEN DE TRÈS INTÉRESSANT. EN GROS, CHARLOTTE ET RACHEL GLOUSSAIENT ET ADAM ET THÉO SE DONNAIENT DES COUPS DE POING.

ELLES PARLAIENT DE TRUCS DÉBILES.

« EST-CE QUE J'AI TOUJOURS DU GLOSS ? BERK, JE ME SUIS CASSÉ UN ONGLE. OOH, C'EST SALE ICI. »

QU'EST-CE QU'ELLE EST BARBANTE ! COMMENT ILS FONT POUR LA SUPPORTER ?

LES GARÇONS, ALLEZ NOUS CHERCHER DU COCA LIGHT ! JE DOIS PARLER À CHARLOTTE. **SEULE**.

VOILÀ. PARFAIT. MAINTENANT ON VA FAIRE UN TOUR DE GRANDE ROUE, ET ADAM SERA **OBLIGÉ** DE T'EMBRASSER. LES GRANDES ROUES ONT ÉTÉ INVENTÉES POUR ÇA.

T'ES SÛRE ? IL A MÊME PAS ESSAYÉ DE ME TENIR LA MAIN NI RIEN.

CROIS-MOI.

À MOINS, BIEN SÛR, QUE CE PHÉNOMÈNE DE FOIRE D'ASTRID NE L'AIT REFROIDI. J'ARRIVE PAS À CROIRE QUE T'ÉTAIS AMIE AVEC ELLE AVANT.

BERK ! DÉGUEU, J'EN AI PARTOUT ! TU VAS AVOIR DE **GROS** PROBLÈMES, ASTRID !

JE TE **HAIS**, CHARLOTTE ! JE TE **HAIS**, JE TE **HAIS** !

MA MÈRE ME LAISSAIT JAMAIS PRONONCER LE « MOT EN H ». IL ÉTAIT INTERDIT À LA MAISON. MAIS JE BOUILLONNAIS DE COLÈRE ET J'AI PAS PU ME RETENIR...

... ET JE ME SUIS ENFUIE.

MON CŒUR BATTAIT LA CHAMADE, MES JAMBES TREMBLAIENT... COMME SI JE VENAIS DE TERMINER LES **50** TOURS DE LA MORT.

JAMAIS J'AURAIS PENSÉ DIRE CES MOTS À MA MEILLEURE AMIE AU MONDE. IL FALLAIT CROIRE QUE NOTRE AMITIÉ ÉTAIT FINIE.

POUR DE BON.

C'ÉTAIT *FIOU* ÉNORME. ELLES *FIOU* LE MÉRITAIENT.

ELLES VONT M'AVOIR. ELLES VONT FAIRE DE MA VIE UN ENFER, AU COLLÈGE.

AH OUI ? LAISSE-LES ESSAYER. TU FAIS DU ROLLER DERBY ! TU PEUX LES MATER À COUPS DE HIP-CHECKS !

AUSSI MAL QUE JE ME SENTE, JE PENSE QUE L'IDÉE DE HIP-CHECKER RACHEL POUR LA FAIRE VOLER DANS LES ESCALIERS ME DONNERA TOUJOURS LE SOURIRE.

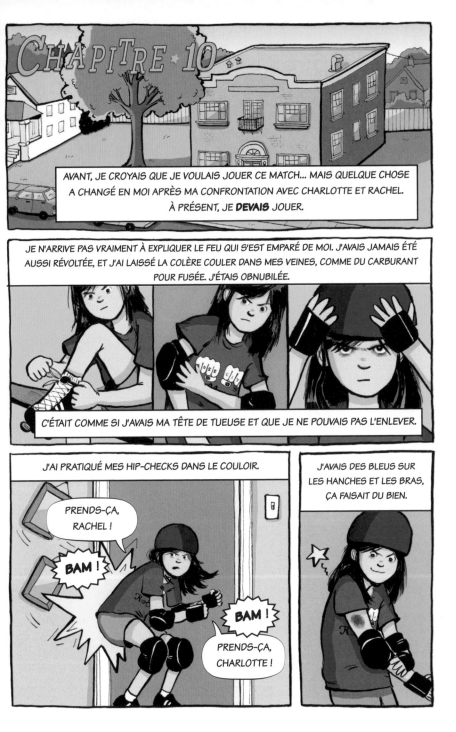

CHAPITRE 10

AVANT, JE CROYAIS QUE JE VOULAIS JOUER CE MATCH... MAIS QUELQUE CHOSE A CHANGÉ EN MOI APRÈS MA CONFRONTATION AVEC CHARLOTTE ET RACHEL. À PRÉSENT, JE **DEVAIS** JOUER.

JE N'ARRIVE PAS VRAIMENT À EXPLIQUER LE FEU QUI S'EST EMPARÉ DE MOI. J'AVAIS JAMAIS ÉTÉ AUSSI RÉVOLTÉE, ET J'AI LAISSÉ LA COLÈRE COULER DANS MES VEINES, COMME DU CARBURANT POUR FUSÉE. J'ÉTAIS OBNUBILÉE.

C'ÉTAIT COMME SI J'AVAIS MA TÊTE DE TUEUSE ET QUE JE NE POUVAIS PAS L'ENLEVER.

J'AI PRATIQUÉ MES HIP-CHECKS DANS LE COULOIR.

J'AVAIS DES BLEUS SUR LES HANCHES ET LES BRAS, ÇA FAISAIT DU BIEN.

PRENDS-ÇA, RACHEL !

BAM !

BAM !

PRENDS-ÇA, CHARLOTTE !

ZOÉ ET MOI RESTIONS AUSSI SOUVENT QUE POSSIBLE APRÈS L'ENTRAÎNEMENT.

OK, LES FILLES ! ON REMBALLE, JE M'EN VAIS !

JE SUIS TRÈS IMPRESSIONNÉE PAR TOUS LES EXTRAS QUE VOUS FAITES, LES FILLES. VOUS AVEZ BEAUCOUP PROGRESSÉ, ET L'AUTRE COACH L'A REMARQUÉ AUSSI.

ON EST ASSEZ BONNES POUR FAIRE LE MATCH ?

IL Y A DE GRANDES CHANCES QUE OUI !

OUI !

J'AI CONTINUÉ.

JE SUIS ASSEZ BONNE POUR ÊTRE **JAMMEUSE** ?

JE NE PEUX RIEN PROMETTRE. POUR UN MATCH AUSSI COURT, ON FERA SÛREMENT JAMMER LES FILLES LES PLUS EXPÉRIMENTÉES, PARCE QU'ON N'A PAS ÉNORMÉMENT DE TEMPS POUR SE PRÉPARER.

MAIS SI JAMAIS QUELQU'UN BOSSAIT **SUPER** DUR ? ET PROGRESSAIT BEAUCOUP ? ELLE **POURRAIT** ÊTRE JAMMEUSE ?

JE NE GARANTIS RIEN. MAIS VOUS VOUS DÉBROUILLEZ TRÈS BIEN TOUTES LES DEUX, CONTINUEZ COMME ÇA !

ÉQUIPE B, VOS DEUX PREMIÈRES JAMMEUSES SONT LOUP GAROUGE ET BLOCKES D'OR. ELLES SONT CHEZ LES ROSEBUDS DEPUIS LONGTEMPS.

OUAIS !

POUR LA TROISIÈME, NOUS AVONS SÉLECTIONNÉ QUELQU'UN AVEC UN PEU MOINS D'EXPÉRIENCE. MAIS ELLE A TRAVAILLÉ TRÈS DUR CET ÉTÉ EN FAISANT BEAUCOUP D'HEURES SUPPLÉMENTAIRES.

TOUTES LES COACHES S'ACCORDENT À DIRE QU'ELLE A FAIT ÉNORMÉMENT DE PROGRÈS.

EST-CE QUE... C'EST POUR DE VRAI ?

ZOÉ, TU ES LA JAMMEUSE NUMÉRO TROIS.

OH MON DIEU, JE SUIS SI HEUREUSE DE TE VOIR ! ÇA FAIT DES SEMAINES !

VOUS CONNAISSEZ L'EXPRESSION : « VENT DE PANIQUE » ?

DIS-LUI, **TOI**, CHARLOTTE. ELLE N'EST PAS MIGNONNE, CETTE ROBE ?

OUI, ÇA PEUT ALLER.

SOUPIR C'EST À CAUSE DES CHEVEUX. RIEN NE VA AVEC. COMMENT AS-TU ÉCHAPPÉ À LA TEINTURE ?

MA MÈRE ME TUERAIT SI JE ME TEIGNAIS LES CHEVEUX.

ÇA N'A PAS ARRÊTÉ ASTRID. TU AS HÂTE DE JOUER POUR LE MATCH ? ASTRID NE PARLE QUE DE ÇA. ELLE DIT QUE TU TE DÉBROUILLES TRÈS BIEN AU STAGE DE PATIN !

AU STAGE DE PATIN ?

ET VOILÀ ! MA COUVERTURE AVAIT SAUTÉ. JE VOYAIS AU VISAGE DE CHARLOTTE QU'ELLE ÉTAIT PERPLEXE.

LE STAGE DE ROLLER DERBY ? CELUI QUE VOUS SUIVEZ DEPUIS TROIS SEMAINES AVEC ASTRID ?

CHARLOTTE A REGARDÉ MA MÈRE, PUIS MOI, PUIS MA MÈRE. ELLE COMMENÇAIT À COMPRENDRE. ET J'AI SU QU'ELLE S'APPRÊTAIT À RÉALISER SA VENGEANCE ULTIME.

À MOINS... À MOINS QU'ELLE AIT PRÉVU DE RETOURNER CETTE INFORMATION CONTRE MOI PLUS TARD, POUR ME METTRE DANS UN PÉTRIN ENCORE PLUS GROS.

ET LÀ... ÇA M'A FRAPPÉE. DE PLEIN FOUET.

OH, NON.

QUOI? QU'EST-CE QU'IL Y A?

RIEN.

CE QUE JE DEVAIS FAIRE ÉTAIT ÉVIDENT : LES AVOIR AVANT QU'ELLES M'AIENT.

LE FLYER. ELLES AVAIENT LE FLYER DU MATCH DE DERBY. C'ÉTAIT LIMPIDE, CHARLOTTE ET RACHEL CONCOCTAIENT UNE VENGEANCE TERRIBLE POUR ME RIDICULISER PENDANT LE MATCH. DEVANT **500** PERSONNES.

MES JOURS DE STAGE N'ÉTAIENT PAS MIEUX.

ZOÉ NE ME PARLAIT PLUS.

J'ARRIVAIS PAS À ME RÉJOUIR POUR LE MATCH, COMME J'ÉTAIS PAS JAMMEUSE.

JE PENSE QUE NOTRE ÉQUIPE DEVRAIT S'APPELER « LES SANG-FROID » !

OUAIS, ET ON POURRAIT SE DÉGUISER EN VAMPIRES !

OUAIS !

IL NE RESTAIT QU'UNE SEMAINE ET ON S'EST ENTRAÎNÉES À NOS POSITIONS TOUS LES JOURS. EN ADMETTANT QUE ÇA SOIT POSSIBLE, ON AURAIT DIT QUE MES BLOCAGES ÉTAIENT DE **PIRE EN PIRE**. CHAQUE FOIS QUE J'ESSAYAIS DE HITTER, J'ÉTAIS ENVOYÉE EN PRISON.

TRIIIT

ASTRID ! RENTRE TES COUDES ! PRISON !

TRIIIT

C'ÉTAIT UN LOW BLOCK* ! PRISON !

RAPPELLE-TOI, TU N'ES D'AUCUNE AIDE À TON ÉQUIPE QUAND TU ES EN PRISON !

*BLOCAGE BAS, EN DESSOUS DE MI-CUISSES

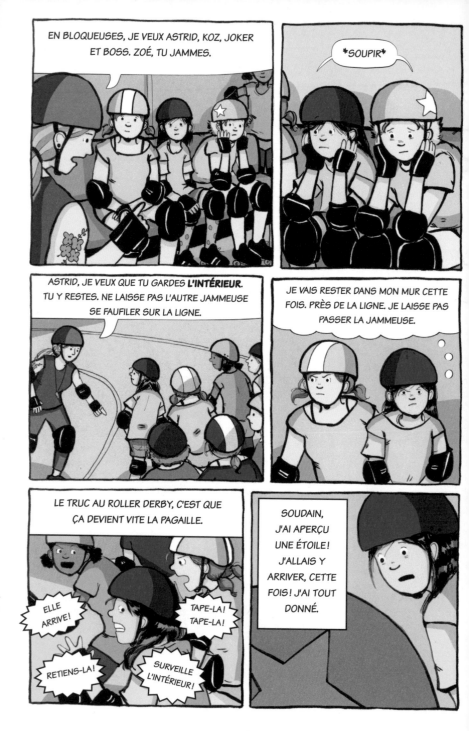

EN BLOQUEUSES, JE VEUX ASTRID, KOZ, JOKER ET BOSS. ZOÉ, TU JAMMES.

SOUPIR

ASTRID, JE VEUX QUE TU GARDES **L'INTÉRIEUR**. TU Y RESTES. NE LAISSE PAS L'AUTRE JAMMEUSE SE FAUFILER SUR LA LIGNE.

JE VAIS RESTER DANS MON MUR CETTE FOIS. PRÈS DE LA LIGNE. JE LAISSE PAS PASSER LA JAMMEUSE.

LE TRUC AU ROLLER DERBY, C'EST QUE ÇA DEVIENT VITE LA PAGAILLE.

ELLE ARRIVE!

TAPE-LA! TAPE-LA!

RETIENS-LA!

SURVEILLE L'INTÉRIEUR!

SOUDAIN, J'AI APERÇU UNE ÉTOILE! J'ALLAIS Y ARRIVER, CETTE FOIS! J'AI TOUT DONNÉ.

MON SANG N'A FAIT QU'UN TOUR.

ELLE M'A DIT QUE CHARLOTTE N'ÉTAIT JAMAIS ALLÉE AU DERBY. QU'ELLE NE T'A JAMAIS RACCOMPAGNÉE À LA MAISON LE SOIR. TU VEUX M'EXPLIQUER CE QU'IL SE PASSE?

M'MAN, JE...

COMMENT ES-TU RENTRÉE DU STAGE?

JE SUIS RENTRÉE... EN PATINS.

MA MÈRE EST PASSÉE DU ROUGE AU BLANC, COMME DANS UN DESSIN ANIMÉ. UNE PARTIE DE MOI UN PEU FOLLE AVAIT ENVIE DE RIGOLER.

ELLE A PRIS UNE VOIX GRAVE ET INQUIÉTANTE.

TU AS PATINÉ DEPUIS OAKS PARK JUSQU'À LA MAISON TOUS LES JOURS? IL FAUT TRAVERSER UNE **VOIE RAPIDE** POUR RENTRER.

IL Y A UN FEU. ET UN PASSAGE PIÉTON.

DANS TA CHAMBRE. **DE SUITE.** ON VA EN PARLER DÈS QUE JE ME SERAI CALMÉE.

LA PARTIE SUICIDAIRE EN MOI VOULAIT DIRE « ET SINON, POUR LES CHIPS? » HEUREUSEMENT, LA PARTIE QUI VOULAIT VIVRE A PRIS LE DESSUS.

J'AI OBSERVÉ LE SYSTÈME SOLAIRE QUE MAMAN AVAIT PEINT AU PLAFOND QUAND J'ÉTAIS PETITE. J'AVAIS COLLÉ LES ÉTOILES PHOSPHORESCENTES.

PETITE, JE FAISAIS UN TRUC BIZARRE, J'IMAGINAIS QUE J'ÉTAIS VÉNUS, QUE MAMAN ÉTAIT MERCURE ET QUE CHARLOTTE ÉTAIT LA TERRE.

J'INVENTAIS DES HISTOIRES : ON FLOTTAIT ENSEMBLE À TRAVERS LE SYSTÈME SOLAIRE. ON VISITAIT D'AUTRES GALAXIES ET ON RENCONTRAIT DES EXTRATERRESTRES.

À PRÉSENT, JE RESSEMBLAIS PLUS À UNE BALLE DE GOLF SOLITAIRE, BALANCÉE DANS L'ESPACE PAR UN ASTRONAUTE. QUI FLOTTAIT TOUTE SEULE. POUR TOUJOURS.

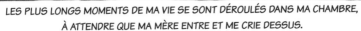

LES PLUS LONGS MOMENTS DE MA VIE SE SONT DÉROULÉS DANS MA CHAMBRE, À ATTENDRE QUE MA MÈRE ENTRE ET ME CRIE DESSUS.

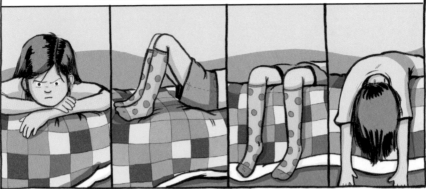

BIEN SÛR, ELLE A FINI PAR ARRIVER.

C'ÉTAIT BIZARRE. ELLE S'EST ASSISE SUR MON LIT. ELLE N'A PAS CRIÉ. ELLE S'EST JUSTE ASSISE.

À LA FIN, J'AVAIS L'IMPRESSION QUE LE SILENCE ALLAIT M'ÉTOUFFER.

M'MAN ?

JE NE SAIS PAS QUOI FAIRE, ASTRID. D'ABORD, TU TE TEINS LES CHEVEUX. MAINTENANT TU ME MENS... C'ÉTAIT TELLEMENT PLUS FACILE D'ÊTRE PARENT QUAND TU ÉTAIS PETITE.

JE NE SUIS **PLUS** UNE PETITE FILLE.

J'EN ÉTAIS ARRIVÉE À HURLER. D'APRÈS LES RÈGLES DE DISPUTE, C'EST LÀ OÙ MAMAN AURAIT DÛ COMMENCER À HURLER AUSSI. MAIS À MA GRANDE SURPRISE, ELLE A DIT DOUCEMENT :

RACONTE-MOI.

TOUT... TOUT PART EN VRILLE.

ÇA A ÉTÉ EFFICACE.

J'AI TOUT DÉBALLÉ. QUE CHARLOTTE ÉTAIT DEVENUE LA MEILLEURE AMIE DE RACHEL. QU'ELLE VOULAIT ÊTRE POPULAIRE, QU'ELLE NE PENSAIT QU'AUX FRINGUES, AU MAQUILLAGE ET AUX GARÇONS.

JE LUI AI RACONTÉ QU'ELLE PRÉVOYAIT DE ME LARGUER AU COLLÈGE, L'ÉPISODE DU SODA, COMBIEN ELLES ALLAIENT FAIRE DE MA VIE UN ENFER L'ANNÉE PROCHAINE.

PUISQUE J'ÉTAIS LANCÉE, J'AI ENCHAÎNÉ SUR ZOÉ, SUR COMMENT J'AVAIS AUSSI PERDU SON AMITIÉ. JE LUI AI DIT QUE JE NE JAMMAIS PAS POUR LE MATCH, QUE J'ALLAIS ME RIDICULISER DEVANT **500** PERSONNES LE SAMEDI.

FORCE.
VAILLANCE.
COURAGE.

J'AI TOUJOURS LE DROIT DE JOUER POUR LE MATCH?

DANS CETTE FRACTION DE SECONDE, J'AI SU. MÊME SI J'ÉTAIS NULLE, QUE JE JAMMAIS PAS ET QUE JE RISQUAIS DE MOURIR DE HONTE DEVANT UN ÉNORME PUBLIC... J'AVAIS ENCORE ENVIE DE JOUER.

S'IL TE PLAÎT.

TU ME **PROMETS** D'ÊTRE HONNÊTE AVEC MOI À PARTIR DE MAINTENANT? ON N'ARRIVERA À SURMONTER LES ANNÉES QUI ARRIVENT QUE SI JE SUIS HONNÊTE AVEC TOI ET INVERSEMENT. MARCHÉ CONCLU?

MARCHÉ CONCLU.

ET BIEN QUE RIEN N'AIT CHANGÉ (J'AVAIS **2** ENNEMIES QUI COMPLOTAIENT CONTRE MOI ET JE NE SAVAIS PAS COMMENT SURVIVRE AU MATCH), JE ME SENTAIS BEAUCOUP MIEUX.

ET... ATTENDEZ UNE SECONDE... EST-CE QUE J'AVAIS ÉCHAPPÉ À LA PUNITION?!

JE SUIS UN GÉNIE!

ALORS, UN CONSEIL, LES ENFANTS : SI VOUS VOUS RETROUVEZ DANS LE PÉTRIN AVEC VOS PARENTS,

ESSAYEZ DE LEUR PARLER DE VOS « HISTOIRES D'ADO PERTURBÉE », VOUS POURRIEZ VOUS EN TIRER!

CLIGNE

ALORS? T'ES ICI POUR ME BALANCER UN AUTRE TRUC DESSUS?

LES MOTS SONT ALLÉS PLUS VITE QUE MES PENSÉES.

POURQUOI TU M'AS PAS DÉNONCÉE, L'AUTRE JOUR AU MAGASIN?

JE CROYAIS QUE T'ÉTAIS CENSÉE **T'EXCUSER.**

JE SAIS... MAIS, JE VEUX JUSTE SAVOIR.

C'EST QUE... TOUTES CES DISPUTES, C'EST RIDICULE. T'AS ÉTÉ MA MEILLEURE AMIE SI LONGTEMPS... JE NE POUVAIS PAS TE DÉNONCER, MÊME APRÈS... TOUT ÇA.

C'ÉTAIT LA QUESTION LA PLUS DURE À POSER.

POURQUOI TU M'AS LARGUÉE POUR RACHEL?

JE T'AI PAS **LARGUÉE**. ON ENTRE AU COLLÈGE, ON DEVRAIT SE FAIRE DE **NOUVEAUX** AMIS. IL N'Y A RIEN DE MAL À ÇA.

OUI, MAIS **RACHEL**?

EH BIEN... ELLE AIME LES MÊMES CHOSES QUE MOI. COMME LA DANSE CLASSIQUE.

ET JE PEUX LUI PARLER DE GARÇONS...

BEUH.

... ET ELLE NE RÉAGIT PAS BIZARREMENT.

PFFF.

ÇA Y EST, CHARLOTTE ÉTAIT LANCÉE.

ON A TOUJOURS FAIT CE DONT **TOI**, T'AVAIS ENVIE. COMME LE ROLLER, OU LE MUSÉE DES SCIENCES. T'AS JAMAIS VOULU FAIRE LES TRUCS QUE J'AIMAIS, MOI.

OH.

JE SUPPOSE QUE C'EST PARCE QU'ELLES SONT « SUPERFICIELLES » ET « ENNUYEUSES », C'EST ÇA?

JE VOULAIS PAS DIRE ÇA.

OUAIS. BIEN SÛR.

EN MATERNELLE, MA MAÎTRESSE AVAIT UN POSTER QUI ÉTAIT CENSÉ NOUS APPRENDRE LES ÉMOTIONS.

CONTENT   TRISTE   FATIGUÉ   DÉGOÛTÉ

EN COLÈRE   GÊNÉ   OPTIMISTE   IMPATIENT

MALADE   NERVEUX   LASSÉ   FURIEUX

CHAQUE SENTIMENT ÉTAIT SIMPLE, COMME « CONTENT » OU « TRISTE ». IL N'Y AVAIT RIEN QUI EXPLIQUAIT LES SENTIMENTS MÉLANGÉS, COMME DANS UN SMOOTHIE.

JE ME SENTAIS MIEUX... MAIS PAS COMPLÈTEMENT. J'ÉTAIS TOUJOURS UN PEU EN COLÈRE CONTRE CHARLOTTE. MAIS J'AVAIS L'IMPRESSION D'AVOIR FAIT UN TRUC MAL, MOI AUSSI.
J'ÉTAIS CONTENTE D'AVOIR DISCUTÉ.
MAIS TRISTE QUE TOUT SOIT DIFFÉRENT.

J'ÉTAIS CONTRISTE.

CONTENT + TRISTE = CONTRISTE

CHAPITRE ★ 14

LE LENDEMAIN AU RÉVEIL, JE ME SENTAIS

NERVEUSE + MALADE = NERVALADE

NOTRE DERNIER ENTRAÎNEMENT AVANT LE MATCH. J'AI ENFILÉ MON T-SHIRT DE LUTIN — POUR METTRE TOUTES LES CHANCES DE MON CÔTÉ.

IL FAUT CROIRE QUE ÇA A MARCHÉ PARCE QUE... EN ARRIVANT AU HANGAR, J'AI VU UN MOT. JE NE LUI AVAIS PAS ÉCRIT DEPUIS DES SEMAINES.

Chère Bof,

Bravo! J'ai appris que toutes les nouvelles Rosebuds jouaient demain soir. Dis-moi ton nom et je ferai une pancarte pour t'encourager!
— Fighty.

P.S : Tu es sûrement un peu flippée et à deux doigts de te faire pipi dessus. Mais ne fuis pas devant ta peur. Affronte-la. Parce que crois-moi...

...les meilleures choses valent la peine qu'on se batte pour elles.

ZOÉ, JE SUIS... DÉSOLÉE.

J'AI VRAIMENT PAS ÉTÉ COOL. JE VOULAIS PAS TE HITTER HIER. JE SUIS UNE BLOQUEUSE CATASTROPHIQUE. OK? C'EST LA VÉRITÉ.

JE SAIS PAS CE QUE J'ESPÉRAIS...

AMIES POUR LA VIE !!!

OH, ASTRID, JE TE PARDONNE. PRENDS MON POSTE DE JAMMEUSE, DEMAIN. SOYONS AMIES, À LA VIE, À LA MORT!

MAIS VOILÀ CE QUI S'EST PASSÉ À LA PLACE :

OK.

OK? ALORS... TU ME PARDONNES?

OUAIS. SI TU VEUX.

TRIT TRIT

LES FILLES, C'EST NOTRE DERNIER ENTRAÎNEMENT AVANT LE MATCH, DEMAIN SOIR! ON VA FAIRE UN PEU DE SCRIMMAGE*, ET APRÈS ON FERA UNE PETITE FÊTE!

YEAH!

WOUHOU!

VOS MAILLOTS POUR LE MATCH SONT ARRIVÉS. ET ON A APPORTÉ DE LA PEINTURE ET DES FEUTRES POUR LES DÉCORER.

ALORS! METTEZ-VOUS PAR ÉQUIPE, ET C'EST PARTI!

APRÈS DES SEMAINES DE TRAVAIL ACHARNÉ...

... ET D'ENTRAÎNEMENT SUPPLÉMENTAIRE...

... DANS LE SANG, LA SUEUR ET LES LARMES...

... JE PEUX DIRE SANS HÉSITER...

... QUE J'ÉTAIS NULLE.

RATÉ

HÉ HÉ.

RAH

POUR UNE FOIS, J'ÉTAIS CONTENTE D'ÊTRE BLOQUEUSE. JE ME NOIERAIS DANS LA MASSE, PEUT-ÊTRE QU'ON NE REMARQUERAIT PAS QUAND JE ME PLANTERAIS.

*SITUATION DE JEU EN ENTRAÎNEMENT

ZOÉ...

OUBLIE ÇA.

J'AI ESSAYÉ DE M'AMUSER À LA FÊTE... MAIS C'ÉTAIT DUR AVEC ZOÉ QUI AVAIT L'AIR SI DÉPITÉE.

ON A REÇU NOS MAILLOTS.

COOL !

ASTRID, T'AS CHOISI TON DERBY NAME ?

ZUT ! J'EN AI AUCUNE IDÉE !

AVEC TOUS CES ÉVÉNEMENTS, J'AVAIS OUBLIÉ QUE JE DEVAIS ME TROUVER UN DERBY NAME POUR LE LENDEMAIN !

ET LIL' DEVIL ?

SUZY HOTROD !

SCALD EAGLE ?

ILS ÉTAIENT TOUS EXCELLENTS... MAIS PAS LÉGITIMES. JE DEVAIS TROUVER LE MIEN.

Chère Rainbow,

Merci pour tous tes messages.
Je les conserverai tous
précieusement.

Pour la pancarte,
je préfèrerais rester
anonyme pour l'instant.

Mais si tu veux en faire
une pour Amy Sérables,
je pense que tout
encouragement possible
sera bienvenu.

Sincèrement,
Rose Bof

C'ÉTAIT PAS GRAND-CHOSE...
MAIS ÇA AIDERAIT PEUT-ÊTRE.

EN PLUS, JE VOULAIS PAS QUE RAINBOW
DÉCOUVRE À QUEL POINT J'ÉTAIS NULLE.

VOUS VOUS RAPPELEZ QUAND J'AI DIT QUE J'ÉTAIS PAS ENCORE SORTIE DU PÉTRIN ?

MA MÈRE A DIT QUE JE NE POUVAIS PLUS RESTER SEULE À LA MAISON. JE DEVAIS PASSER MES APRÈS-MIDI AU TRAVAIL AVEC ELLE. POUR **LE RESTANT DE L'ÉTÉ**.

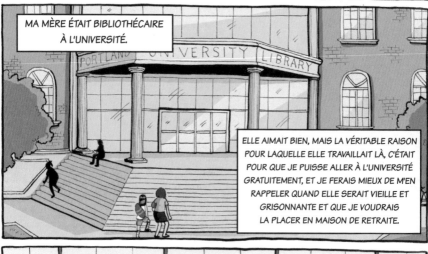

MA MÈRE ÉTAIT BIBLIOTHÉCAIRE À L'UNIVERSITÉ.

ELLE AIMAIT BIEN, MAIS LA VÉRITABLE RAISON POUR LAQUELLE ELLE TRAVAILLAIT LÀ, C'ÉTAIT POUR QUE JE PUISSE ALLER À L'UNIVERSITÉ GRATUITEMENT, ET JE FERAIS MIEUX DE M'EN RAPPELER QUAND ELLE SERAIT VIEILLE ET GRISONNANTE ET QUE JE VOUDRAIS LA PLACER EN MAISON DE RETRAITE.

UNE BIBLIOTHÈQUE DANS LES BONS JOURS, C'EST DÉJÀ PAS TRÈS ANIMÉ... ALORS L'ÉTÉ, AVEC PRESQUE PERSONNE À L'INTÉRIEUR...

SOUPIR

RESTE DANS CETTE SECTION, OK ? JE DÉBAUCHE À **16** H AUJOURD'HUI. JE VIENDRAI VOIR SI TOUT VA BIEN À MA PAUSE.

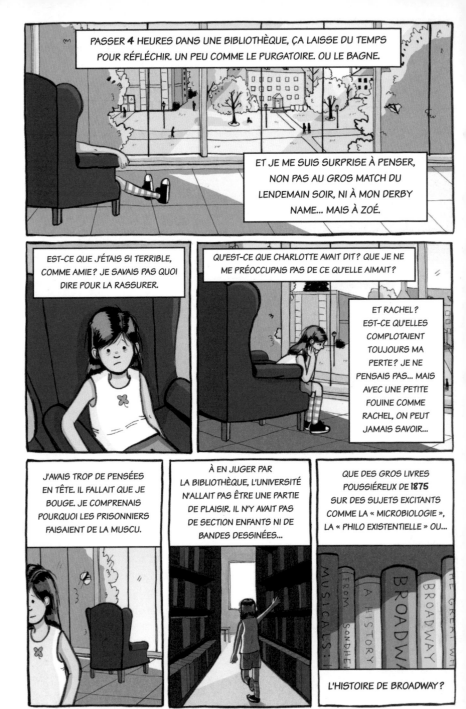

PASSER **4** HEURES DANS UNE BIBLIOTHÈQUE, ÇA LAISSE DU TEMPS POUR RÉFLÉCHIR. UN PEU COMME LE PURGATOIRE. OU LE BAGNE.

ET JE ME SUIS SURPRISE À PENSER, NON PAS AU GROS MATCH DU LENDEMAIN SOIR, NI À MON DERBY NAME... MAIS À ZOÉ.

EST-CE QUE J'ÉTAIS SI TERRIBLE, COMME AMIE? JE SAVAIS PAS QUOI DIRE POUR LA RASSURER.

QU'EST-CE QUE CHARLOTTE AVAIT DIT? QUE JE NE ME PRÉOCCUPAIS PAS DE CE QU'ELLE AIMAIT?

ET RACHEL? EST-CE QU'ELLES COMPLOTAIENT TOUJOURS MA PERTE? JE NE PENSAIS PAS... MAIS AVEC UNE PETITE FOUINE COMME RACHEL, ON PEUT JAMAIS SAVOIR...

J'AVAIS TROP DE PENSÉES EN TÊTE. IL FALLAIT QUE JE BOUGE. JE COMPRENAIS POURQUOI LES PRISONNIERS FAISAIENT DE LA MUSCU.

À EN JUGER PAR LA BIBLIOTHÈQUE, L'UNIVERSITÉ N'ALLAIT PAS ÊTRE UNE PARTIE DE PLAISIR. IL N'Y AVAIT PAS DE SECTION ENFANTS NI DE BANDES DESSINÉES...

QUE DES GROS LIVRES POUSSIÉREUX DE **1875** SUR DES SUJETS EXCITANTS COMME LA « MICROBIOLOGIE », LA « PHILO EXISTENTIELLE » OU...

L'HISTOIRE DE BROADWAY?

UN LIVRE AVEC DES PHOTOS PLEINE PAGE DE HUGH JACKMAN? ZOÉ **ADORERAIT**!

SOUDAIN, J'AI EU UNE IDÉE. UNE BONNE.

M'MAN, JE PEUX T'EMPRUNTER DE LA COLLE, S'IL TE PLAÎT? ET DES CISEAUX, ET UN FEUTRE?

SOIS POLIE, DIS BONJOUR À Mᵐᵉ KEMP.

ASTRID! TU AS TELLEMENT GRANDI!

... SERAIT-CE LE T-SHIRT...

VOILÀ, MA CHÉRIE. FILE À L'ÉTAGE, JE PASSE TE VOIR SOUS PEU.

POUSSE

BIEN LE BONJOUR, Mᵐᵉ KEMP!

IL ME RESTAIT **4,75** $ SUR MON ARGENT DE POCHE DE LA SEMAINE (MAMAN AVAIT OUBLIÉ DE LES RÉCUPÉRER). LES PHOTOCOPIES COÛTAIENT **0,02** $, DONC JE POUVAIS EN FAIRE EXACTEMENT...

PHOTOCOPIES 0.02$

... BEAUCOUP !

JE SAVAIS QU'ON AVAIT UN TAS DE BÂTONS DE GLACES DANS LE POT À BRICOLES À LA MAISON. UNE LONGUE NUIT DE TRAVAIL M'ATTENDAIT.

PRÊTE À PARTIR ?

QU'EST-CE QUE TU FABRIQUES ?

ON PEUT FAIRE UN DÉTOUR EN CHEMIN ? C'EST SUPER IMPORTANT.

EN QUELQUES MINUTES, NOUS Y ÉTIONS.

JE SUIS FIÈRE DE TOI, CHÉRIE. TU ES SÛRE QUE TU NE VEUX PAS QUE JE VIENNE ?

SÛRE. IL FAUT QUE JE LE FASSE MOI-MÊME.

EN FAIT, J'ÉTAIS PAS SÛRE QU'IL FALLAIT QUE JE LE FASSE TOUT COURT, MAIS J'ARRÊTAIS PAS DE PENSER AU MOT DE RAINBOW FIGHT. JE POUVAIS CONTINUER À FUIR MES PROBLÈMES...

... OU LES AFFRONTER.

CHARLOTTE ! RACHEL !

QU'EST-CE QUE **TU** FAIS LÀ ? JE CROYAIS T'AVOIR DIT DE RESTER LOIN DE NOUS. JE DOIS DEMANDER UNE ORDONNANCE RESTRICTIVE ?

ÉCOUTE, J'AI DEUX TICKETS EN PLUS POUR MON MATCH DE ROLLER DERBY DEMAIN SOIR. ET... JE VEUX VOUS LES DONNER. FAISONS LA PAIX.

CHAPITRE · 15

EN ME RÉVEILLANT LE LENDEMAIN MATIN, JE N'AI PAS SAUTÉ DE SUITE HORS DU LIT. J'AVAIS DES PAPILLONS PLEIN LE VENTRE. ON Y ÉTAIT. C'ÉTAIT LE JOUR DU MATCH.

J'AVAIS VEILLÉ JUSQU'À MINUIT LA VEILLE, À TRAVAILLER SUR MON PROJET SECRET. JE N'AVAIS TOUJOURS PAS TROUVÉ DE DERBY NAME.

J'AI REGARDÉ LE PLAFOND, COMME SI J'ALLAIS TROUVER LA RÉPONSE DANS L'UNIVERS DESSINÉ.

IL Y AVAIT EU TANT DE CHANGEMENTS PENDANT L'ÉTÉ. JE NE M'IDENTIFIAIS PLUS À AUCUNE PLANÈTE QUI TOURNAIT EN ORBITE AVEC CHARLOTTE ET MA MÈRE.

MAIS JE N'ÉTAIS PAS UNE BALLE DE GOLF SOLITAIRE.

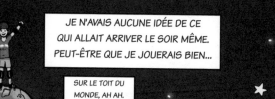

JE N'AVAIS AUCUNE IDÉE DE CE QUI ALLAIT ARRIVER LE SOIR MÊME. PEUT-ÊTRE QUE JE JOUERAIS BIEN...

SUR LE TOIT DU MONDE, AH AH.

OU PEUT-ÊTRE QUE JE ME TOURNERAIS EN RIDICULE.

TROU NOIR DU DÉSESPOIR

PROFITER DE L'AVENTURE ? FACILE À DIRE POUR **HEIDI**... ET SI CETTE AVENTURE FINISSAIT DANS LES FLAMMES BRÛLANTES DE LA DESTRUCTION ?

ET D'UN COUP, IL EST VENU À MOI. MON DERBY NAME.

À PEINE QUELQUES HEURES AVANT MON RENDEZ-VOUS AU HANGAR, J'AVAIS DU PAIN SUR LA PLANCHE.

ÉCRIRE MON NOM ET MON NUMÉRO AU DOS DE MON MAILLOT.

DÉCORER MON CASQUE... CE QUI DEMANDAIT UN PEU D'IMAGINATION.

QU'EST-CE QUE TU FAIS LÀ-DEDANS, ASTRID?

RIEN! INTERDIT D'ENTRER!

CONSTITUER MA TENUE.

VIEUX SHORT DE SPORT

BANDANA PIQUÉ À L'OURSON

COLLANTS BLEUS DU DERNIER HALLOWEEN

(SUPERMAN, SI VOUS VOULEZ SAVOIR.)

MAILLOT

J'ÉTAIS ENFIN PRÊTE.

C'ÉTAIT MOI.

ASTEROÏD

DANS SA COURSE BRÛLANTE À TRAVERS LE TEMPS ET L'ESPACE.

QUAND ON EST ARRIVÉES AU HANGAR, J'AI COMMENCÉ À ÊTRE VRAIMENT NERVEUSE. JE N'AVAIS JAMAIS VU AUTANT DE MONDE LÀ-BAS.

J'AI VU DES BÉNÉVOLES, DES SPEAKERS, DES JOUEUSES ADULTES...

... MAIS PAS ZOÉ.

ON SE RETROUVE DEHORS DANS 15 MINUTES ! FAIS TOURNER L'INFO.

EH, CHOUETTE NOM... ASTÉROÏD.

15 MINUTES. ÇA DEVAIT SUFFIRE POUR ACTIVER MON PLAN SECRET.

JE DEVAIS LE FAIRE DE SUITE, AVANT QU'ON NE ME POSE DES QUESTIONS.

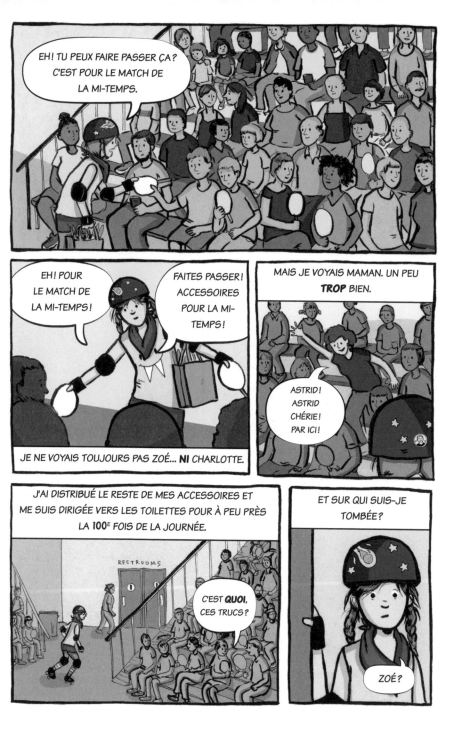

EH! TU PEUX FAIRE PASSER ÇA? C'EST POUR LE MATCH DE LA MI-TEMPS.

EH! POUR LE MATCH DE LA MI-TEMPS!

FAITES PASSER! ACCESSOIRES POUR LA MI-TEMPS!

JE NE VOYAIS TOUJOURS PAS ZOÉ... NI CHARLOTTE.

MAIS JE VOYAIS MAMAN. UN PEU TROP BIEN.

ASTRID! ASTRID CHÉRIE! PAR ICI!

J'AI DISTRIBUÉ LE RESTE DE MES ACCESSOIRES ET ME SUIS DIRIGÉE VERS LES TOILETTES POUR À PEU PRÈS LA 100E FOIS DE LA JOURNÉE.

RESTROOMS

C'EST QUOI, CES TRUCS?

ET SUR QUI SUIS-JE TOMBÉE?

ZOÉ?

* 211 *

CHAPITRE 16

LES COACHES ONT DÉCIDÉ QU'ON DEVAIT FAIRE DES TOURS DE PATIN SUR LE PARKING EN ATTENDANT LA MI-TEMPS. COMME ÇA, ON SERAIT ÉCHAUFFÉES LE MOMENT VENU.

ET ELLES SE SONT DIT QU'ON STRESSERAIT MOINS SI ON RESTAIT LOIN DE LA FOULE.

OUAIS

ALLEZ !

LE TEMPS DE DIRE OUF...

OK, À PEU PRÈS CINQ MINUTES ET C'EST À VOUS !

LES SANG-FROID, PAR ICI.

LES PESTES NOIRES, PAR LÀ.

QUAND J'ANNONCE VOTRE ÉQUIPE, VOUS FAITES UN TOUR DE TRACK ENSEMBLE, VOUS SALUEZ LE PUBLIC ET VOUS ALLEZ À VOS BANCS RESPECTIFS.

JE ME SUIS PLACÉE SUR LE TRACK POUR LA DERNIÈRE FOIS, ET JE ME SUIS RETROUVÉE...

... JUSTE À CÔTÉ DE FIFI POINGDACIER.

C'EST NOTRE MATCH, MOUSTIQUE, ET VOUS NE L'EMPORTEREZ PAS!

ON DIRAIT BIEN QU'AMY SÉRABLES ET FÉLIZ BRUTALITY SONT NOS DERNIÈRES JAMMEUSES DU MATCH!

TRIIIT

OOH, ET BRUTE HITTE AMY DIRECTEMENT SUR LA LIGNE! MAIS... ATTENDEZ UNE SECONDE...

TRIIIT

LES REFS* DONNENT UNE **PÉNALITÉ** À FÉLIZ!

ELLE VA EN **PRISON** POUR **30** SECONDES!

*ARBITRE

C'EST L'OPPORTUNITÉ DONT LES SANG-FROID AVAIENT BESOIN! AMY EST L'UNIQUE JAMMEUSE SUR LE TRACK... ELLE EST DONC LA **SEULE À MARQUER DES POINTS**! LES SANG-FROID PEUVENT RETOURNER LE MATCH!

ET ELLE SORT DU PACK*. POUR RAPPEL, ELLE NE COMMENCERA À MARQUER DES POINTS QU'À SA PROCHAINE PASSE. ELLE ARRIVE SUR LE VIRAGE DEUX...

*REGROUPEMENT DES BLOQUEUSES DES DEUX ÉQUIPES

OK, SANG-FROID! HITTEZ QUELQU'UN! FAITES SORTIR ZOÉ DU PACK! DONNEZ-LUI CES POINTS ET ON GAGNE LE MATCH!

... ELLE EST DERRIÈRE LE PACK, SUR LE POINT DE MARQUER!

HITTE QUELQU'UN, ASTÉROÏD!

HITTE QUELQU'UN, ASTÉROÏD!

LES SANG-FROID TENTENT D'AIDER AMY SÉRABLES... MAIS FIFI POINGDACIER LA RETIENT À L'ARRIÈRE DU PACK!

CETTE FIFI POINGDACIER EST UNE **SACRÉE** BLOQUEUSE... ELLE NE LAISSE **PAS** AMY S'ÉCHAPPER!

LE MATCH DES ADULTES A REPRIS. ZOÉ S'EST ASSISE AVEC MOI PENDANT QUE LES SECOURS M'EXAMINAIENT.

AÏE!

MAMAN AUSSI...

... ÉVIDEMMENT.

MON BÉBÉ! MON PETIT BÉBÉ!

M'MAN! ÇA VA! JE ME SENS DÉJÀ MIEUX.

ON DIRAIT UNE LÉGÈRE ENTORSE. JE VEUX QUE TU RESTES LÀ AVEC DE LA GLACE SUR TA CHEVILLE, OK?

OK.

NOUS AVONS REGARDÉ LA DEUXIÈME PÉRIODE DEPUIS LE BORD DU TRACK, LES MEILLEURES PLACES DU HANGAR!

ALLEZ RAINBOW FIGHT!

WOUH, T'AS VU ÇA?

C'ÉTAIT **TROP** ÉNORME. JE VEUX APPRENDRE À FAIRE PAREIL!

C'EST DRÔLE, TELLEMENT DE CHOSES ONT CHANGÉ CET ÉTÉ.

TOUT ÉTAIT SI SIMPLE.
NOIR ET BLANC.
CONTENTE. TRISTE.
MEILLEURES AMIES. PIRES ENNEMIES.

À PRÉSENT, TOUT SEMBLAIT SI... COMPLEXE. J'ÉTAIS AU MILIEU D'UN DÉSERT EN TERRITOIRES INCONNUS.

JE DEVAIS PEUT-ÊTRE TROUVER MON PROPRE CHEMIN POUR LE TRAVERSER.

SOUDAIN, J'AI JETÉ UN COUP D'ŒIL À LA FOULE AUTOUR DE MOI ET JE ME SUIS SENTIE... PERDUE. ÇA FAIT BÉBÉ, MAIS J'AI UN PEU PANIQUÉ.

SOUFFLE

M'MAN? ZOÉ?

ELLES ÉTAIENT ENCORE LÀ UNE MINUTE AVANT...

C'ÉTAIT MA CHANCE DE LUI PARLER EN VRAI. JE **DEVAIS** LE FAIRE. FORCE. VAILLANCE. COURAGE.

EXCUSE-MOI, RAINBOW FIGHT ?

« C'EST MOI, ROSE BOF! VOTRE PLUS GRANDE FAN, VOTRE CORRESPONDANTE SECRÈTE... »

EUH... JE PEUX AVOIR VOTRE AUTOGRAPHE, S'IL VOUS PLAÎT?

UN PAS À LA FOIS.

BIEN SÛR! ... SI TU ME DONNES LE TIEN!

MOI ?

TOI! T'AS FAIT UNE ATTAQUE DE MALADE. ET LA PROCHAINE FOIS, SI TU SORS LA FILLE, ÇA SERA ENCORE MIEUX!